T&P BOOKS

RUSSO

VOCABULÁRIO

PORTUGUÊS BRASILEIRO

PORTUGUÊS RUSSO

Para alargar o seu léxico e apurar as suas competências linguísticas

3000 palavras

Vocabulário Português Brasileiro-Russo - 3000 palavras

Por Andrey Taranov

Os vocabulários da T&P Books destinam-se a ajudar a aprender, a memorizar, e a rever palavras estrangeiras. O dicionário é dividido em temas, cobrindo todas as principais esferas de atividades quotidianas, negócios, ciência, cultura, etc.

O processo de aprendizagem, utilizando os dicionários baseados em temáticas da T&P Books dá-lhe as seguintes vantagens:

- Informação de origem corretamente agrupada predetermina o sucesso em fases subsequentes da memorização de palavras
- Disponibilização de palavras derivadas da mesma raiz, o que permite a memorização de unidades de texto (em vez de palavras separadas)
- Pequenas unidades de palavras facilitam o processo de estabelecimento de vínculos associativos necessários para a consolidação do vocabulário
- O nível de conhecimento da língua pode ser estimado pelo número de palavras aprendidas

T&P Books Publishing
www.tpbooks.com

ISBN: 978-1-78767-432-5

Este livro também está disponível em formato E-book.
Por favor visite www.tpbooks.com ou as principais livrarias on-line.

VOCABULÁRIO RUSSO
palavras mais úteis

Os vocabulários da T&P Books destinam-se a ajudar a aprender, a memorizar, e a rever palavras estrangeiras. O vocabulário contém mais de 3000 palavras de uso comum organizadas tematicamente.

O vocabulário contém as palavras mais comummente usadas
Recomendado como adicional para qualquer curso de línguas
Satisfaz as necessidades dos iniciados e dos alunos avançados de línguas estrangeiras
Conveniente para o uso diário, sessões de revisão e atividades de auto-teste
Permite avaliar o seu vocabulário

Características especias do vocabulário

- As palavras estão organizadas de acordo com o seu significado, e não por ordem alfabética
- As palavras são apresentadas em três colunas para facilitar os processos de revisão e auto-teste
- As palavras compostas são divididas em pequenos blocos para facilitar o processo de aprendizagem
- O vocabulário oferece uma transcrição simples e adequada de cada palavra estrangeira

O vocabulário contém 101 tópicos incluindo:

Conceitos básicos, Números, Cores, Meses, Estações do ano, Unidades de medida, Roupas & Acessórios, Alimentos & Nutrição, Restaurante, Membros da Família, Parentes, Caráter, Sentimentos, Emoções, Doenças, Cidade, Passeios, Compras, Dinheiro, Casa, Lar, Escritório, Trabalho no Escritório, Importação & Exportação, Marketing, Pesquisa de Emprego, Esportes, Educação, Computador, Internet, Ferramentas, Natureza, Países, Nacionalidades e muito mais ...

TABELA DE CONTEÚDOS

GUIA DE PRONUNCIAÇÃO

Alfabeto fonético T&P	Exemplo Russo	Exemplo Português

Consoantes

[b]	**абрикос** [abrikós]	barril
[d]	**квадрат** [kvadrát]	dentista
[f]	**реформа** [refórma]	safári
[g]	**глина** [glína]	gosto
[ʒ]	**массажист** [masaʒīst]	talvez
[j]	**пресный** [présnɨj]	Vietnã
[h], [x]	**мех, Пасха** [méh], [pásxa]	[h] aspirada
[k]	**кратер** [krátɛr]	aquilo
[l]	**лиловый** [lilóvɨj]	libra
[m]	**молоко** [mɔlɔkó]	magnólia
[n]	**нут, пони** [nút], [póni]	natureza
[p]	**пират** [pirát]	presente
[r]	**ручей** [rutʃéj]	riscar
[s]	**суслик** [súslik]	sanita
[t]	**тоннель** [tɔnélʲ]	tulipa
[ʃ]	**лишайник** [liʃájnik]	mês
[tʃ]	**врач, речь** [vrátʃ], [rétʃʲ]	Tchau!
[ts]	**кузнец** [kuznéts]	tsé-tsé
[ʃʲ]	**мощность** [móʃʲnɔstʲ]	shiatsu
[v]	**молитва** [mɔlítva]	fava
[z]	**дизайнер** [dizájner]	sésamo

Símbolos adicionais

[ʲ]	**дикарь** [dikárʲ]	sinal de palatalização
[·]	**автопилот** [aftɔ·pilót]	ponto mediano
[ˈ]	**заплата** [zapláta]	acento principal

Vogais acentuadas

[á]	**платье** [plátje]	chamar
[é]	**лебедь** [lébetʲ]	metal
[ǿ]	**шахтёр** [ʃahtǿr]	ioga
[í]	**организм** [ɔrganízm]	sinônimo
[ó]	**роспись** [róspisʲ]	lobo
[ú]	**инсульт** [insúlʲt]	bonita

Alfabeto fonético T&P	Exemplo Russo	Exemplo Português
[ī]	**добыча** [dɔbītʃa]	sinônimo
[ǽ]	**полиэстер** [pɔliǽstɛr]	semana
[ʲú], [jú]	**салют, юг** [salʲút], [júg]	nacional
[ʲá], [já]	**связь, я** [svʲásʲ], [já]	Himalaias

Vogais não acentuadas

[a]	**гравюра** [gravʲúra]	som neutro, semelhante a um xevá [ə]
[e]	**кенгуру** [kengurú]	som neutro, semelhante a um xevá
[ə]	**пожалуйста** [pɔʒáləsta]	milagre
[i]	**рисунок** [risúnɔk]	sinônimo
[ɔ]	**железо** [ʒelézɔ]	som neutro, semelhante a um xevá
[u]	**вирус** [vírus]	bonita
[ɨ]	**первый** [pérvɨj]	sinônimo
[ɛ]	**аэропорт** [aɛrɔpórt]	mesquita
[ʲu], [ju]	**брюнет** [brʲunét]	nacional
[ı], [jı]	**заяц, язык** [záıʦ], [jızīk]	som neutro, semelhante a um xevá
[ʲa], [ja]	**няня, копия** [nʲánʲa], [kópija]	Himalaias

ABREVIATURAS usadas no vocabulário

Abreviaturas do Português

adj	-	adjetivo
adv	-	advérbio
anim.	-	animado
conj.	-	conjunção
desp.	-	esporte
etc.	-	Etcetera
ex.	-	por exemplo
f	-	nome feminino
f pl	-	feminino plural
fem.	-	feminino
inanim.	-	inanimado
m	-	nome masculino
m pl	-	masculino plural
m, f	-	masculino, feminino
masc.	-	masculino
mat.	-	matemática
mil.	-	militar
pl	-	plural
prep.	-	preposição
pron.	-	pronome
sb.	-	sobre
sing.	-	singular
v aux	-	verbo auxiliar
vi	-	verbo intransitivo
vi, vt	-	verbo intransitivo, transitivo
vr	-	verbo reflexivo
vt	-	verbo transitivo

Abreviaturas do Russo

возв	-	verbo reflexivo
ж	-	nome feminino
ж мн	-	feminino plural
м	-	nome masculino
м мн	-	masculino plural
м, ж	-	masculino, feminino
мн	-	plural
н/пх	-	verbo intransitivo, transitivo

н/св	-	aspeto perfetivo/imperfetivo
нпх	-	verbo intransitivo
нсв	-	aspeto imperfetivo
пх	-	verbo transitivo
с	-	neutro
с мн	-	neutro plural
св	-	aspeto perfetivo

CONCEITOS BÁSICOS

1. Pronomes

eu	**я**	[já]
você	**ты**	[tɨ]
ele	**он**	[ón]
ela	**она**	[ɔná]
ele, ela (neutro)	**оно**	[ɔnó]
nós	**мы**	[mɨ]
vocês	**вы**	[vɨ]
eles, elas	**они**	[ɔní]

2. Cumprimentos. Saudações

Oi!	**Здравствуй!**	[zdrástvuj]
Olá!	**Здравствуйте!**	[zdrástvujte]
Bom dia!	**Доброе утро!**	[dóbrɔe útrɔ]
Boa tarde!	**Добрый день!**	[dóbrɨj dén^j]
Boa noite!	**Добрый вечер!**	[dóbrɨj vetʃer]
cumprimentar (vt)	**здороваться** (нсв, возв)	[zdɔróvatsa]
Oi!	**Привет!**	[privét]
saudação (f)	**привет** (м)	[privét]
saudar (vt)	**приветствовать** (нсв, пх)	[privétstvɔvat^j]
Como você está?	**Как у вас дела?**	[kák u vás delá?]
Como vai?	**Как дела?**	[kák delá?]
E aí, novidades?	**Что нового?**	[ʃtó nóvɔvɔ?]
Tchau! Até logo!	**До свидания!**	[dɔ svidánija]
Até breve!	**До скорой встречи!**	[dɔ skórɔj fstrétʃi]
Adeus! (sing.)	**Прощай!**	[prɔʃ^jáj]
Adeus! (pl)	**Прощайте!**	[prɔʃ^jájte]
despedir-se (dizer adeus)	**прощаться** (нсв, возв)	[prɔʃ^játsa]
Até mais!	**Пока!**	[pɔká]
Obrigado! -a!	**Спасибо!**	[spasíbɔ]
Muito obrigado! -a!	**Большое спасибо!**	[bɔl^jʃóe spasíbɔ]
De nada	**Пожалуйста**	[pɔʒáləsta]
Não tem de quê	**Не стоит благодарности**	[ne stóit blagɔdárnɔsti]
Não foi nada!	**Не за что**	[né za ʃtɔ]
Desculpa!	**Извини!**	[izviní]
Desculpe!	**Извините!**	[izviníte]
desculpar (vt)	**извинять** (нсв, пх)	[izvin^ját^j]
desculpar-se (vr)	**извиняться** (нсв, возв)	[izvin^játsa]

Me desculpe	**Мои извинения**	[mɔí izvinénija]
Desculpe!	**Простите!**	[prɔstíte]
perdoar (vt)	**прощать** (нсв, пх)	[prɔʃát']
Não faz mal	**Ничего страшного**	[niʧevó stráʃnɔvɔ]
por favor	**пожалуйста**	[pɔʒálesta]
Não se esqueça!	**Не забудьте!**	[ne zabút'te]
Com certeza!	**Конечно!**	[kɔnéʃnɔ]
Claro que não!	**Конечно нет!**	[kɔnéʃnɔ nét]
Está bem! De acordo!	**Согласен!**	[sɔglásen]
Chega!	**Хватит!**	[hvátit]

3. Questões

Quem?	**Кто?**	[któ?]
O que?	**Что?**	[ʃtó?]
Onde?	**Где?**	[gdé?]
Para onde?	**Куда?**	[kudá?]
De onde?	**Откуда?**	[ɔtkúda?]
Quando?	**Когда?**	[kɔgdá?]
Para quê?	**Зачем?**	[zaʧém?]
Por quê?	**Почему?**	[pɔʧemú?]
Para quê?	**Для чего?**	[dl'a ʧevó?]
Como?	**Как?**	[kák?]
Qual (~ é o problema?)	**Какой?**	[kakój?]
Qual (~ deles?)	**Который?**	[kɔtórij?]
A quem?	**Кому?**	[kɔmú?]
De quem?	**О ком?**	[ɔ kóm?]
Do quê?	**О чём?**	[ɔ ʧóm?]
Com quem?	**С кем?**	[s kém?]
Quanto, -os, -as?	**Сколько?**	[skól'kɔ?]
De quem? (masc.)	**Чей?**	[ʧéj?]
De quem? (fem.)	**Чья?**	[ʧjá?]
De quem são ...?	**Чьи?**	[ʧjí?]

4. Preposições

com (prep.)	**с**	[s]
sem (prep.)	**без**	[bez], [bes]
a, para (exprime lugar)	**в**	[f], [v]
sobre (ex. falar ~)	**о**	[ɔ]
antes de ...	**перед**	[péred]
em frente de ...	**перед**	[péred]
debaixo de ...	**под**	[pɔd]
sobre (em cima de)	**над**	[nád]
em ..., sobre ...	**на**	[na]
de, do (sou ~ Rio de Janeiro)	**из**	[iz], [is]
de (feito ~ pedra)	**из**	[iz], [is]

em (~ 3 dias)	**через**	[ʧérez]
por cima de ...	**через**	[ʧérez]

5. Palavras funcionais. Advérbios. Parte 1

Onde?	**Где?**	[gdé?]
aqui	**здесь**	[zdésʲ]
lá, ali	**там**	[tám]
em algum lugar	**где-то**	[gdé-tɔ]
em lugar nenhum	**нигде**	[nigdé]
perto de ...	**у, около**	[u], [ókɔlɔ]
perto da janela	**у окна**	[u ɔkná]
Para onde?	**Куда?**	[kudá?]
aqui	**сюда**	[sʲudá]
para lá	**туда**	[tudá]
daqui	**отсюда**	[ɔtsʲúda]
de lá, dali	**оттуда**	[ɔttúda]
perto	**близко**	[blískɔ]
longe	**далеко**	[dalekó]
perto de ...	**около**	[ókɔlɔ]
à mão, perto	**рядом**	[rʲádɔm]
não fica longe	**недалеко**	[nedalekó]
esquerdo (adj)	**левый**	[lévɨj]
à esquerda	**слева**	[sléva]
para a esquerda	**налево**	[nalévɔ]
direito (adj)	**правый**	[právɨj]
à direita	**справа**	[správa]
para a direita	**направо**	[naprávɔ]
em frente	**спереди**	[spéredi]
da frente	**передний**	[perédnij]
adiante (para a frente)	**вперёд**	[fperød]
atrás de ...	**сзади**	[szádi]
de trás	**сзади**	[szádi]
para trás	**назад**	[nazád]
meio (m), metade (f)	**середина** (ж)	[seredína]
no meio	**посередине**	[pɔseredíne]
do lado	**сбоку**	[zbóku]
em todo lugar	**везде**	[vezdé]
por todos os lados	**вокруг**	[vɔkrúg]
de dentro	**изнутри**	[iznutrí]
para algum lugar	**куда-то**	[kudá-tɔ]
diretamente	**напрямик**	[naprɪmík]
de volta	**обратно**	[ɔbrátnɔ]

de algum lugar	**откуда-нибудь**	[ɔtkúda-nibutʲ]
de algum lugar	**откуда-то**	[ɔtkúda-tɔ]
em primeiro lugar	**во-первых**	[vɔ-pérvɨh]
em segundo lugar	**во-вторых**	[vɔ-ftɔrīh]
em terceiro lugar	**в-третьих**	[f trétjih]
de repente	**вдруг**	[vdrúg]
no início	**вначале**	[vnaʧále]
pela primeira vez	**впервые**	[fpervīje]
muito antes de …	**задолго до …**	[zadólgɔ dɔ …]
de novo	**заново**	[zánɔvɔ]
para sempre	**насовсем**	[nasɔfsém]
nunca	**никогда**	[nikɔgdá]
de novo	**опять**	[ɔpʲátʲ]
agora	**теперь**	[tepérʲ]
frequentemente	**часто**	[ʧástɔ]
então	**тогда**	[tɔgdá]
urgentemente	**срочно**	[sróʧnɔ]
normalmente	**обычно**	[ɔbīʧnɔ]
a propósito, …	**кстати, …**	[kstáti, …]
é possível	**возможно**	[vɔzmóʒnɔ]
provavelmente	**вероятно**	[verɔjátnɔ]
talvez	**может быть**	[móʒet bītʲ]
além disso, …	**кроме того, …**	[króme tɔvó, …]
por isso …	**поэтому …**	[pɔǽtɔmu …]
apesar de …	**несмотря на …**	[nesmɔtrʲá na …]
graças a …	**благодаря …**	[blagɔdarʲá …]
que (pron.)	**что**	[ʃtó]
que (conj.)	**что**	[ʃtó]
algo	**что-то**	[ʃtó-tɔ]
alguma coisa	**что-нибудь**	[ʃtó-nibutʲ]
nada	**ничего**	[niʧevó]
quem	**кто**	[któ]
alguém (~ que …)	**кто-то**	[któ-tɔ]
alguém (com ~)	**кто-нибудь**	[któ-nibutʲ]
ninguém	**никто**	[niktó]
para lugar nenhum	**никуда**	[nikudá]
de ninguém	**ничей**	[niʧéj]
de alguém	**чей-нибудь**	[ʧej-nibútʲ]
tão	**так**	[ták]
também (gostaria ~ de …)	**также**	[tágʒe]
também (~ eu)	**тоже**	[tóʒe]

6. Palavras funcionais. Advérbios. Parte 2

Por quê?	**Почему?**	[pɔʧemú?]
por alguma razão	**почему-то**	[pɔʧemú-tɔ]

porque ...	**потому, что ...**	[potomú, ʃtó ...]
por qualquer razão	**зачем-то**	[zatʃém-to]
e (tu ~ eu)	**и**	[i]
ou (ser ~ não ser)	**или**	[íli]
mas (porém)	**но**	[nó]
para (~ a minha mãe)	**для**	[dlʲá]
muito, demais	**слишком**	[slíʃkom]
só, somente	**только**	[tólʲko]
exatamente	**точно**	[tótʃno]
cerca de (~ 10 kg)	**около**	[ókolo]
aproximadamente	**приблизительно**	[priblizítelʲno]
aproximado (adj)	**приблизительный**	[priblizítelʲnɨj]
quase	**почти**	[potʃtí]
resto (m)	**остальное** (c)	[ostalʲnóe]
cada (adj)	**каждый**	[káʒdɨj]
qualquer (adj)	**любой**	[lʲubój]
muito, muitos, muitas	**много**	[mnógo]
muitas pessoas	**многие**	[mnógie]
todos	**все**	[fsé]
em troca de ...	**в обмен на ...**	[v obmén na ...]
em troca	**взамен**	[vzamén]
à mão	**вручную**	[vrutʃnúju]
pouco provável	**вряд ли**	[vrʲát lí]
provavelmente	**наверное**	[navérnoe]
de propósito	**нарочно**	[naróʃno]
por acidente	**случайно**	[slutʃájno]
muito	**очень**	[ótʃenʲ]
por exemplo	**например**	[naprimér]
entre	**между**	[méʒdu]
entre (no meio de)	**среди**	[sredí]
tanto	**столько**	[stólʲko]
especialmente	**особенно**	[osóbenno]

NÚMEROS. DIVERSOS

7. Números cardinais. Parte 1

zero	**ноль**	[nólʲ]
um	**один**	[ɔdín]
dois	**два**	[dvá]
três	**три**	[trí]
quatro	**четыре**	[t͡ʃetīre]
cinco	**пять**	[pʲátʲ]
seis	**шесть**	[ʃæstʲ]
sete	**семь**	[sémʲ]
oito	**восемь**	[vósemʲ]
nove	**девять**	[dévɪtʲ]
dez	**десять**	[désɪtʲ]
onze	**одиннадцать**	[ɔdínat͡satʲ]
doze	**двенадцать**	[dvenát͡satʲ]
treze	**тринадцать**	[trinát͡satʲ]
catorze	**четырнадцать**	[t͡ʃetīrnat͡satʲ]
quinze	**пятнадцать**	[pitnát͡satʲ]
dezesseis	**шестнадцать**	[ʃɛsnát͡satʲ]
dezessete	**семнадцать**	[semnát͡satʲ]
dezoito	**восемнадцать**	[vɔsemnát͡satʲ]
dezenove	**девятнадцать**	[devitnát͡satʲ]
vinte	**двадцать**	[dvát͡satʲ]
vinte e um	**двадцать один**	[dvát͡satʲ ɔdín]
vinte e dois	**двадцать два**	[dvát͡satʲ dvá]
vinte e três	**двадцать три**	[dvát͡satʲ trí]
trinta	**тридцать**	[trít͡satʲ]
trinta e um	**тридцать один**	[trít͡satʲ ɔdín]
trinta e dois	**тридцать два**	[trít͡satʲ dvá]
trinta e três	**тридцать три**	[trít͡satʲ trí]
quarenta	**сорок**	[sórɔk]
quarenta e um	**сорок один**	[sórɔk ɔdín]
quarenta e dois	**сорок два**	[sórɔk dvá]
quarenta e três	**сорок три**	[sórɔk trí]
cinquenta	**пятьдесят**	[pɪtʲdesʲát]
cinquenta e um	**пятьдесят один**	[pɪtʲdesʲát ɔdín]
cinquenta e dois	**пятьдесят два**	[pɪtʲdesʲát dvá]
cinquenta e três	**пятьдесят три**	[pɪtʲdesʲát trí]
sessenta	**шестьдесят**	[ʃɛstʲdesʲát]
sessenta e um	**шестьдесят один**	[ʃɛstʲdesʲát ɔdín]

sessenta e dois	**шестьдесят два**	[ʃɛstʲdesʲát dvá]
sessenta e três	**шестьдесят три**	[ʃɛstʲdesʲát trí]
setenta	**семьдесят**	[sémʲdesɪt]
setenta e um	**семьдесят один**	[sémʲdesɪt ɔdín]
setenta e dois	**семьдесят два**	[sémʲdesɪt dvá]
setenta e três	**семьдесят три**	[sémʲdesɪt trí]
oitenta	**восемьдесят**	[vósemʲdesɪt]
oitenta e um	**восемьдесят один**	[vósemʲdesɪt ɔdín]
oitenta e dois	**восемьдесят два**	[vósemʲdesɪt dvá]
oitenta e três	**восемьдесят три**	[vósemʲdesɪt trí]
noventa	**девяносто**	[devɪnóstɔ]
noventa e um	**девяносто один**	[devɪnóstɔ ɔdín]
noventa e dois	**девяносто два**	[devɪnóstɔ dvá]
noventa e três	**девяносто три**	[devɪnóstɔ trí]

8. Números cardinais. Parte 2

cem	**сто**	[stó]
duzentos	**двести**	[dvésti]
trezentos	**триста**	[trísta]
quatrocentos	**четыреста**	[ʧetɨ́resta]
quinhentos	**пятьсот**	[pɪtʲsót]
seiscentos	**шестьсот**	[ʃɛstʲsót]
setecentos	**семьсот**	[semʲsót]
oitocentos	**восемьсот**	[vɔsemʲsót]
novecentos	**девятьсот**	[devɪtʲsót]
mil	**тысяча**	[tɨ́sɪʧa]
dois mil	**две тысячи**	[dve tɨ́sɪʧi]
três mil	**три тысячи**	[trí tɨ́sɪʧi]
dez mil	**десять тысяч**	[désɪtʲ tɨ́sʲaʧ]
cem mil	**сто тысяч**	[stó tɨ́sɪʧ]
um milhão	**миллион** (м)	[milión]
um bilhão	**миллиард** (м)	[miliárd]

9. Números ordinais

primeiro (adj)	**первый**	[pérvɨj]
segundo (adj)	**второй**	[ftɔrój]
terceiro (adj)	**третий**	[trétij]
quarto (adj)	**четвёртый**	[ʧetvǿrtɨj]
quinto (adj)	**пятый**	[pʲátɨj]
sexto (adj)	**шестой**	[ʃɛstój]
sétimo (adj)	**седьмой**	[sedʲmój]
oitavo (adj)	**восьмой**	[vɔsʲmój]
nono (adj)	**девятый**	[devʲátɨj]
décimo (adj)	**десятый**	[desʲátɨj]

CORES. UNIDADES DE MEDIDA

10. Cores

cor (f)	**цвет** (м)	[tsvét]
tom (m)	**оттенок** (м)	[ɔtténɔk]
tonalidade (m)	**тон** (м)	[tón]
arco-íris (m)	**радуга** (ж)	[ráduga]
branco (adj)	**белый**	[bélij]
preto (adj)	**чёрный**	[tʃórnij]
cinza (adj)	**серый**	[sérij]
verde (adj)	**зелёный**	[zelønij]
amarelo (adj)	**жёлтый**	[ʒóltij]
vermelho (adj)	**красный**	[krásnij]
azul (adj)	**синий**	[sínij]
azul claro (adj)	**голубой**	[gɔlubój]
rosa (adj)	**розовый**	[rózɔvij]
laranja (adj)	**оранжевый**	[ɔránʒevij]
violeta (adj)	**фиолетовый**	[fiɔlétɔvij]
marrom (adj)	**коричневый**	[kɔrítʃnevij]
dourado (adj)	**золотой**	[zɔlɔtój]
prateado (adj)	**серебристый**	[serebrístij]
bege (adj)	**бежевый**	[béʒevij]
creme (adj)	**кремовый**	[krémɔvij]
turquesa (adj)	**бирюзовый**	[birʲuzóvij]
vermelho cereja (adj)	**вишнёвый**	[viʃnóvij]
lilás (adj)	**лиловый**	[lilóvij]
carmim (adj)	**малиновый**	[malínɔvij]
claro (adj)	**светлый**	[svétlij]
escuro (adj)	**тёмный**	[tómnij]
vivo (adj)	**яркий**	[járkij]
de cor	**цветной**	[tsvetnój]
a cores	**цветной**	[tsvetnój]
preto e branco (adj)	**чёрно-белый**	[tʃórnɔ-bélij]
unicolor (de uma só cor)	**одноцветный**	[ɔdnɔtsvétnij]
multicolor (adj)	**разноцветный**	[raznɔtsvétnij]

11. Unidades de medida

peso (m)	**вес** (м)	[vés]
comprimento (m)	**длина** (ж)	[dliná]

largura (f)	**ширина** (ж)	[ʃɨriná]
altura (f)	**высота** (ж)	[vɨsɔtá]
profundidade (f)	**глубина** (ж)	[glubiná]
volume (m)	**объём** (м)	[ɔbjóm]
área (f)	**площадь** (ж)	[plóʃatʲ]
grama (m)	**грамм** (м)	[grám]
miligrama (m)	**миллиграмм** (м)	[miligrám]
quilograma (m)	**килограмм** (м)	[kilɔgrám]
tonelada (f)	**тонна** (ж)	[tónna]
libra (453,6 gramas)	**фунт** (м)	[fúnt]
onça (f)	**унция** (ж)	[úntsɨja]
metro (m)	**метр** (м)	[métr]
milímetro (m)	**миллиметр** (м)	[milimétr]
centímetro (m)	**сантиметр** (м)	[santimétr]
quilômetro (m)	**километр** (м)	[kilɔmétr]
milha (f)	**миля** (ж)	[mílʲa]
polegada (f)	**дюйм** (м)	[dʲújm]
pé (304,74 mm)	**фут** (м)	[fút]
jarda (914,383 mm)	**ярд** (м)	[járd]
metro (m) quadrado	**квадратный метр** (м)	[kvadrátnɨj métr]
hectare (m)	**гектар** (м)	[gektár]
litro (m)	**литр** (м)	[lítr]
grau (m)	**градус** (м)	[grádus]
volt (m)	**вольт** (м)	[vólʲt]
ampère (m)	**ампер** (м)	[ampér]
cavalo (m) de potência	**лошадиная сила** (ж)	[lɔʃɨdínaja síla]
quantidade (f)	**количество** (с)	[kɔlítʃestvɔ]
um pouco de ...	**немного ...**	[nemnógɔ ...]
metade (f)	**половина** (ж)	[pɔlɔvína]
dúzia (f)	**дюжина** (ж)	[dʲúʒɨna]
peça (f)	**штука** (ж)	[ʃtúka]
tamanho (m), dimensão (f)	**размер** (м)	[razmér]
escala (f)	**масштаб** (м)	[maʃtáb]
mínimo (adj)	**минимальный**	[minimálʲnɨj]
menor, mais pequeno	**наименьший**	[naiménʲʃɨj]
médio (adj)	**средний**	[srédnij]
máximo (adj)	**максимальный**	[maksimálʲnɨj]
maior, mais grande	**наибольший**	[naibólʲʃɨj]

12. Recipientes

pote (m) de vidro	**банка** (ж)	[bánka]
lata (~ de cerveja)	**банка** (ж)	[bánka]
balde (m)	**ведро** (с)	[vedró]
barril (m)	**бочка** (ж)	[bótʃka]
bacia (~ de plástico)	**таз** (м)	[tás]

tanque (m)	**бак** (м)	[bák]
cantil (m) de bolso	**фляжка** (ж)	[flʲáʃka]
galão (m) de gasolina	**канистра** (ж)	[kanístra]
cisterna (f)	**цистерна** (ж)	[ʦɨstǽrna]
caneca (f)	**кружка** (ж)	[krúʃka]
xícara (f)	**чашка** (ж)	[ʧáʃka]
pires (m)	**блюдце** (с)	[blʲúʦe]
copo (m)	**стакан** (м)	[stakán]
taça (f) de vinho	**бокал** (м)	[bɔkál]
panela (f)	**кастрюля** (ж)	[kastrʲúlʲa]
garrafa (f)	**бутылка** (ж)	[butɨ́lka]
gargalo (m)	**горлышко** (с)	[górlɨʃkɔ]
jarra (f)	**графин** (м)	[grafín]
jarro (m)	**кувшин** (м)	[kufʃɨ́n]
recipiente (m)	**сосуд** (м)	[sɔsúd]
pote (m)	**горшок** (м)	[gɔrʃók]
vaso (m)	**ваза** (ж)	[váza]
frasco (~ de perfume)	**флакон** (м)	[flakón]
frasquinho (m)	**пузырёк** (м)	[puzɨrøk]
tubo (m)	**тюбик** (м)	[tʲúbik]
saco (ex. ~ de açúcar)	**мешок** (м)	[meʃók]
sacola (~ plastica)	**пакет** (м)	[pakét]
maço (de cigarros, etc.)	**пачка** (ж)	[páʧka]
caixa (~ de sapatos, etc.)	**коробка** (ж)	[kɔrópka]
caixote (~ de madeira)	**ящик** (м)	[jáʃʲik]
cesto (m)	**корзина** (ж)	[kɔrzína]

VERBOS PRINCIPAIS

13. Os verbos mais importantes. Parte 1

abrir (vt)	**открывать** (нсв, пх)	[ɔtkrɨvátʲ]
acabar, terminar (vt)	**заканчивать** (нсв, пх)	[zakánʧivatʲ]
aconselhar (vt)	**советовать** (нсв, пх)	[sɔvétɔvatʲ]
adivinhar (vt)	**отгадать** (св, пх)	[ɔdgadátʲ]
advertir (vt)	**предупреждать** (нсв, пх)	[predupreʒdátʲ]
ajudar (vt)	**помогать** (нсв, пх)	[pɔmɔgátʲ]
almoçar (vi)	**обедать** (нсв, нпх)	[ɔbédatʲ]
alugar (~ um apartamento)	**снимать** (нсв, пх)	[snimátʲ]
amar (pessoa)	**любить** (нсв, пх)	[lʲubítʲ]
ameaçar (vt)	**угрожать** (нсв, пх)	[ugrɔʒátʲ]
anotar (escrever)	**записывать** (нсв, пх)	[zapísɨvatʲ]
apressar-se (vr)	**торопиться** (нсв, возв)	[tɔrɔpíʦa]
arrepender-se (vr)	**сожалеть** (нсв, нпх)	[sɔʒɨlétʲ]
assinar (vt)	**подписывать** (нсв, пх)	[pɔtpísɨvatʲ]
brincar (vi)	**шутить** (нсв, нпх)	[ʃutítʲ]
brincar, jogar (vi, vt)	**играть** (нсв, нпх)	[igrátʲ]
buscar (vt)	**искать ...** (нсв, пх)	[iskátʲ ...]
caçar (vi)	**охотиться** (нсв, возв)	[ɔhótiʦa]
cair (vi)	**падать** (нсв, нпх)	[pádatʲ]
cavar (vt)	**рыть** (нсв, пх)	[rɨtʲ]
chamar (~ por socorro)	**звать** (нсв, пх)	[zvátʲ]
chegar (vi)	**приезжать** (нсв, нпх)	[prieʒʒátʲ]
chorar (vi)	**плакать** (нсв, нпх)	[plákatʲ]
começar (vt)	**начинать** (нсв, пх)	[naʧinátʲ]
comparar (vt)	**сравнивать** (нсв, пх)	[srávnivatʲ]
concordar (dizer "sim")	**соглашаться** (нсв, возв)	[sɔglaʃáʦa]
confiar (vt)	**доверять** (нсв, пх)	[dɔverʲátʲ]
confundir (equivocar-se)	**путать** (нсв, пх)	[pútatʲ]
conhecer (vt)	**знать** (нсв, пх)	[znátʲ]
contar (fazer contas)	**считать** (нсв, пх)	[ʃʲitátʲ]
contar com ...	**рассчитывать на ...** (нсв)	[raʃʲítɨvatʲ na ...]
continuar (vt)	**продолжать** (нсв, пх)	[prɔdɔlʒátʲ]
controlar (vt)	**контролировать** (нсв, пх)	[kɔntrɔlírɔvatʲ]
convidar (vt)	**приглашать** (нсв, пх)	[priglaʃátʲ]
correr (vi)	**бежать** (н/св, нпх)	[beʒátʲ]
criar (vt)	**создать** (св, пх)	[sɔzdátʲ]
custar (vt)	**стоить** (нсв, пх)	[stóitʲ]

14. Os verbos mais importantes. Parte 2

dar (vt)	**давать** (нсв, пх)	[davátʲ]
dar uma dica	**подсказать** (св, пх)	[pɔtskazátʲ]
decorar (enfeitar)	**украшать** (нсв, пх)	[ukraʃátʲ]
defender (vt)	**защищать** (нсв, пх)	[zaʃʲiʃʲátʲ]
deixar cair (vt)	**ронять** (нсв, пх)	[rɔnʲátʲ]
descer (para baixo)	**спускаться** (нсв, возв)	[spuskátsa]
desculpar (vt)	**извинять** (нсв, пх)	[izvinʲátʲ]
desculpar-se (vr)	**извиняться** (нсв, возв)	[izvinʲátsa]
dirigir (~ uma empresa)	**руководить** (нсв, пх)	[rukɔvɔdítʲ]
discutir (notícias, etc.)	**обсуждать** (нсв, пх)	[ɔpsuʒdátʲ]
disparar, atirar (vi)	**стрелять** (нсв, нпх)	[strelʲátʲ]
dizer (vt)	**сказать** (нсв, пх)	[skazátʲ]
duvidar (vt)	**сомневаться** (нсв, возв)	[sɔmnevátsa]
encontrar (achar)	**находить** (нсв, пх)	[nahɔdítʲ]
enganar (vt)	**обманывать** (нсв, пх)	[ɔbmánɨvatʲ]
entender (vt)	**понимать** (нсв, пх)	[pɔnimátʲ]
entrar (na sala, etc.)	**входить** (нсв, нпх)	[fhɔdítʲ]
enviar (uma carta)	**отправлять** (нсв, пх)	[ɔtpravlʲátʲ]
errar (enganar-se)	**ошибаться** (нсв, возв)	[ɔʃɨbátsa]
escolher (vt)	**выбирать** (нсв, пх)	[vɨbirátʲ]
esconder (vt)	**прятать** (нсв, пх)	[prʲátatʲ]
escrever (vt)	**писать** (нсв, пх)	[pisátʲ]
esperar (aguardar)	**ждать** (нсв, пх)	[ʒdátʲ]
esperar (ter esperança)	**надеяться** (нсв, возв)	[nadéɪtsa]
esquecer (vt)	**забывать** (нсв, пх)	[zabɨvátʲ]
estudar (vt)	**изучать** (нсв, пх)	[izutʃátʲ]
exigir (vt)	**требовать** (нсв, пх)	[trébɔvatʲ]
existir (vi)	**существовать** (нсв, нпх)	[suʃʲestvɔvátʲ]
explicar (vt)	**объяснять** (нсв, пх)	[ɔbjɪsnʲátʲ]
falar (vi)	**говорить** (нсв, н/пх)	[gɔvɔrítʲ]
faltar (a la escuela, etc.)	**пропускать** (нсв, пх)	[prɔpuskátʲ]
fazer (vt)	**делать** (нсв, пх)	[délatʲ]
ficar em silêncio	**молчать** (нсв, нпх)	[mɔltʃátʲ]
gabar-se (vr)	**хвастаться** (нсв, возв)	[hvástatsa]
gostar (apreciar)	**нравиться** (нсв, возв)	[nrávitsa]
gritar (vi)	**кричать** (нсв, нпх)	[kritʃátʲ]
guardar (fotos, etc.)	**сохранять** (нсв, пх)	[sɔhranʲátʲ]
informar (vt)	**информировать** (н/св, пх)	[infɔrmírɔvatʲ]
insistir (vi)	**настаивать** (нсв, нпх)	[nastáivatʲ]
insultar (vt)	**оскорблять** (нсв, пх)	[ɔskɔrblʲátʲ]
interessar-se (vr)	**интересоваться** (нсв, возв)	[interesɔvátsa]
ir (a pé)	**идти** (нсв, нпх)	[itʲtʲí]
ir nadar	**купаться** (нсв, возв)	[kupátsa]
jantar (vi)	**ужинать** (нсв, нпх)	[úʒɨnatʲ]

15. Os verbos mais importantes. Parte 3

ler (vt)	**читать** (нсв, н/пх)	[ʧitátʲ]
libertar, liberar (vt)	**освобождать** (нсв, пх)	[ɔsvɔbɔʒdátʲ]
matar (vt)	**убивать** (нсв, пх)	[ubivátʲ]
mencionar (vt)	**упоминать** (нсв, пх)	[upɔminátʲ]
mostrar (vt)	**показывать** (нсв, пх)	[pɔkázɨvatʲ]
mudar (modificar)	**изменить** (св, пх)	[izmenítʲ]
nadar (vi)	**плавать** (нсв, нпх)	[plávatʲ]
negar-se a … (vr)	**отказываться** (нсв, возв)	[ɔtkázɨvaʦa]
objetar (vt)	**возражать** (нсв, н/пх)	[vɔzraʒátʲ]
observar (vt)	**наблюдать** (нсв, н/пх)	[nablʲudátʲ]
ordenar (mil.)	**приказывать** (нсв, пх)	[prikázɨvatʲ]
ouvir (vt)	**слышать** (нсв, пх)	[slɨʃatʲ]
pagar (vt)	**платить** (нсв, н/пх)	[platítʲ]
parar (vi)	**останавливаться** (нсв, возв)	[ɔstanávlivaʦa]
parar, cessar (vt)	**прекращать** (нсв, пх)	[prekraʃʲátʲ]
participar (vi)	**участвовать** (нсв, нпх)	[uʧástvɔvatʲ]
pedir (comida, etc.)	**заказывать** (нсв, пх)	[zakázɨvatʲ]
pedir (um favor, etc.)	**просить** (нсв, пх)	[prɔsítʲ]
pegar (tomar)	**брать** (нсв), **взять** (св)	[brátʲ], [vzʲátʲ]
pegar (uma bola)	**ловить** (нсв, пх)	[lɔvítʲ]
pensar (vi, vt)	**думать** (нсв, н/пх)	[dúmatʲ]
perceber (ver)	**замечать** (нсв, пх)	[zameʧátʲ]
perdoar (vt)	**прощать** (нсв, пх)	[prɔʃʲátʲ]
perguntar (vt)	**спрашивать** (нсв, пх)	[spráʃivatʲ]
permitir (vt)	**разрешать** (нсв, пх)	[razreʃátʲ]
pertencer a … (vi)	**принадлежать …** (нсв, нпх)	[prinadleʒátʲ …]
planejar (vt)	**планировать** (нсв, пх)	[planírɔvatʲ]
poder (~ fazer algo)	**мочь** (нсв, нпх)	[móʧʲ]
possuir (uma casa, etc.)	**владеть** (нсв, пх)	[vladétʲ]
preferir (vt)	**предпочитать** (нсв, пх)	[pretpɔʧitátʲ]
preparar (vt)	**готовить** (нсв, пх)	[gɔtóvitʲ]
prever (vt)	**предвидеть** (нсв, пх)	[predvídetʲ]
prometer (vt)	**обещать** (н/св, пх)	[ɔbeʃʲátʲ]
pronunciar (vt)	**произносить** (нсв, пх)	[prɔiznɔsítʲ]
propor (vt)	**предлагать** (нсв, пх)	[predlagátʲ]
punir (castigar)	**наказывать** (нсв, пх)	[nakázɨvatʲ]
quebrar (vt)	**ломать** (нсв, пх)	[lɔmátʲ]
queixar-se de …	**жаловаться** (нсв, возв)	[ʒálɔvaʦa]
querer (desejar)	**хотеть** (нсв, пх)	[hɔtétʲ]

16. Os verbos mais importantes. Parte 4

ralhar, repreender (vt)	**ругать** (нсв, пх)	[rugátʲ]
recomendar (vt)	**рекомендовать** (нсв, пх)	[rekɔmendɔvátʲ]

repetir (dizer outra vez)	**повторять** (нсв, пх)	[pɔftɔrʲátʲ]
reservar (~ um quarto)	**резервировать** (н/св, пх)	[rezervírɔvatʲ]
responder (vt)	**отвечать** (нсв, пх)	[ɔtveʧátʲ]
rezar, orar (vi)	**молиться** (нсв, возв)	[mɔlíʦa]
rir (vi)	**смеяться** (нсв, возв)	[smejáʦa]
roubar (vt)	**красть** (нсв, н/пх)	[krástʲ]
sair (~ de casa)	**выходить** (нсв, нпх)	[vɨhɔdítʲ]
salvar (resgatar)	**спасать** (нсв, пх)	[spasátʲ]
seguir (~ alguém)	**следовать за …** (нсв)	[slédɔvatʲ za …]
sentar-se (vr)	**садиться** (нсв, возв)	[sadíʦa]
ser necessário	**требоваться** (нсв, возв)	[trébɔvaʦa]
ser, estar	**быть** (нсв, нпх)	[bɨ̄tʲ]
significar (vt)	**означать** (нсв, пх)	[ɔznaʧátʲ]
sorrir (vi)	**улыбаться** (нсв, возв)	[ulɨbáʦa]
subestimar (vt)	**недооценивать** (нсв, пх)	[nedɔɔʦǽnivatʲ]
surpreender-se (vr)	**удивляться** (нсв, возв)	[udivlʲáʦa]
tentar (~ fazer)	**пробовать** (нсв, пх)	[próbɔvatʲ]
ter (vt)	**иметь** (нсв, пх)	[imétʲ]
ter fome	**хотеть есть** (нсв)	[hɔtétʲ éstʲ]
ter medo	**бояться** (нсв, возв)	[bɔjáʦa]
ter sede	**хотеть пить**	[hɔtétʲ pítʲ]
tocar (com as mãos)	**трогать** (нсв, пх)	[trógatʲ]
tomar café da manhã	**завтракать** (нсв, нпх)	[záftrakatʲ]
trabalhar (vi)	**работать** (нсв, нпх)	[rabótatʲ]
traduzir (vt)	**переводить** (нсв, пх)	[perevɔdítʲ]
unir (vt)	**объединять** (нсв, пх)	[ɔbjedinʲátʲ]
vender (vt)	**продавать** (нсв, пх)	[prɔdavátʲ]
ver (vt)	**видеть** (нсв, пх)	[vídetʲ]
virar (~ para a direita)	**поворачивать** (нсв, нпх)	[pɔvɔráʧivatʲ]
voar (vi)	**лететь** (нсв, нпх)	[letétʲ]

TEMPO. CALENDÁRIO

17. Dias da semana

segunda-feira (f)	**понедельник** (м)	[pɔnedélʲnik]
terça-feira (f)	**вторник** (м)	[ftórnik]
quarta-feira (f)	**среда** (ж)	[sredá]
quinta-feira (f)	**четверг** (м)	[ʧetvérg]
sexta-feira (f)	**пятница** (ж)	[pʲátniʦa]
sábado (m)	**суббота** (ж)	[subóta]
domingo (m)	**воскресенье** (с)	[vɔskresénje]
hoje	**сегодня**	[sevódnʲa]
amanhã	**завтра**	[záftra]
depois de amanhã	**послезавтра**	[pɔslezáftra]
ontem	**вчера**	[fʧerá]
anteontem	**позавчера**	[pɔzafʧerá]
dia (m)	**день** (м)	[dénʲ]
dia (m) de trabalho	**рабочий день** (м)	[rabóʧij dénʲ]
feriado (m)	**празник** (м)	[práznik]
dia (m) de folga	**выходной день** (м)	[vɨhɔdnój dénʲ]
fim (m) de semana	**выходные** (мн)	[vɨhɔdnɨje]
o dia todo	**весь день**	[vesʲ dénʲ]
no dia seguinte	**на следующий день**	[na sléduʃij dénʲ]
há dois dias	**2 дня назад**	[dvá dnʲá nazád]
na véspera	**накануне**	[nakanúne]
diário (adj)	**ежедневный**	[eʒednévnɨj]
todos os dias	**ежедневно**	[eʒednévnɔ]
semana (f)	**неделя** (ж)	[nedélʲa]
na semana passada	**на прошлой неделе**	[na próʃlɔj nedéle]
semana que vem	**на следующей неделе**	[na sléduʃej nedéle]
semanal (adj)	**еженедельный**	[eʒenedélʲnɨj]
toda semana	**еженедельно**	[eʒenedélʲnɔ]
duas vezes por semana	**2 раза в неделю**	[dvá ráza v nedélʲu]
toda terça-feira	**каждый вторник**	[káʒdɨj ftórnik]

18. Horas. Dia e noite

manhã (f)	**утро** (с)	[útrɔ]
de manhã	**утром**	[útrɔm]
meio-dia (m)	**полдень** (м)	[póldenʲ]
à tarde	**после обеда**	[pósle ɔbéda]
tardinha (f)	**вечер** (м)	[véʧer]
à tardinha	**вечером**	[véʧerɔm]

noite (f)	**ночь** (ж)	[nóʧʲ]
à noite	**ночью**	[nóʧju]
meia-noite (f)	**полночь** (ж)	[pólnɔʧʲ]
segundo (m)	**секунда** (ж)	[sekúnda]
minuto (m)	**минута** (ж)	[minúta]
hora (f)	**час** (м)	[ʧás]
meia hora (f)	**полчаса** (мн)	[pɔlʧasá]
quarto (m) de hora	**четверть** (ж) **часа**	[ʧétvertʲ ʧása]
quinze minutos	**15 минут**	[pitnáʦatʲ minút]
vinte e quatro horas	**сутки** (мн)	[sútki]
nascer (m) do sol	**восход** (м) **солнца**	[vɔsxód sónʦa]
amanhecer (m)	**рассвет** (м)	[rasvét]
madrugada (f)	**раннее утро** (с)	[ránnee útrɔ]
pôr-do-sol (m)	**закат** (м)	[zakát]
de madrugada	**рано утром**	[ránɔ útrɔm]
esta manhã	**сегодня утром**	[sevódnʲa útrɔm]
amanhã de manhã	**завтра утром**	[záftra útrɔm]
esta tarde	**сегодня днём**	[sevódnʲa dnøm]
à tarde	**после обеда**	[pósle ɔbéda]
amanhã à tarde	**завтра после обеда**	[záftra pósle ɔbéda]
esta noite, hoje à noite	**сегодня вечером**	[sevódnʲa véʧerɔm]
amanhã à noite	**завтра вечером**	[záftra veʧerɔm]
às três horas em ponto	**ровно в 3 часа**	[róvnɔ f trí ʧasá]
por volta das quatro	**около 4-х часов**	[ókɔlɔ ʧetɨ́røh ʧasóf]
às doze	**к 12-ти часам**	[k dvenáʦatí ʧasám]
em vinte minutos	**через 20 минут**	[ʧéres dváʦatʲ minút]
em uma hora	**через час**	[ʧéres ʧás]
a tempo	**вовремя**	[vóvremʲa]
... um quarto para	**без четверти ...**	[bes ʧétverti ...]
dentro de uma hora	**в течение часа**	[f teʧénie ʧása]
a cada quinze minutos	**каждые 15 минут**	[káʒdɨe pitnáʦatʲ minút]
as vinte e quatro horas	**круглые сутки**	[krúglɨe sútki]

19. Meses. Estações

janeiro (m)	**январь** (м)	[jɪnvárʲ]
fevereiro (m)	**февраль** (м)	[fevrálʲ]
março (m)	**март** (м)	[márt]
abril (m)	**апрель** (м)	[aprélʲ]
maio (m)	**май** (м)	[máj]
junho (m)	**июнь** (м)	[ijúnʲ]
julho (m)	**июль** (м)	[ijúlʲ]
agosto (m)	**август** (м)	[ávgust]
setembro (m)	**сентябрь** (м)	[sentʲábrʲ]
outubro (m)	**октябрь** (м)	[ɔktʲábrʲ]

novembro (m)	**ноябрь** (м)	[nɔjábrʲ]
dezembro (m)	**декабрь** (м)	[dekábrʲ]
primavera (f)	**весна** (ж)	[vesná]
na primavera	**весной**	[vesnój]
primaveril (adj)	**весенний**	[vesénnij]
verão (m)	**лето** (с)	[létɔ]
no verão	**летом**	[létɔm]
de verão	**летний**	[létnij]
outono (m)	**осень** (ж)	[ósenʲ]
no outono	**осенью**	[ósenju]
outonal (adj)	**осенний**	[ɔsénnij]
inverno (m)	**зима** (ж)	[zimá]
no inverno	**зимой**	[zimój]
de inverno	**зимний**	[zímnij]
mês (m)	**месяц** (м)	[mésɪʦ]
este mês	**в этом месяце**	[v ǽtɔm mésɪtse]
mês que vem	**в следующем месяце**	[f sléduʃʲem mésɪtse]
no mês passado	**в прошлом месяце**	[f próʃlɔm mésɪtse]
um mês atrás	**месяц назад**	[mésɪʦ nazád]
em um mês	**через месяц**	[ʧéres mésɪʦ]
em dois meses	**через 2 месяца**	[ʧéres dvá mésitsa]
todo o mês	**весь месяц**	[vesʲ mésɪʦ]
um mês inteiro	**целый месяц**	[ʦǽlɨj mésɪʦ]
mensal (adj)	**ежемесячный**	[eʒemésɪʧnɨj]
mensalmente	**ежемесячно**	[eʒemésɪʧnɔ]
todo mês	**каждый месяц**	[káʒdɨj mésɪʦ]
duas vezes por mês	**2 раза в месяц**	[dvá ráza v mésɪʦ]
ano (m)	**год** (м)	[gód]
este ano	**в этом году**	[v ǽtɔm gɔdú]
ano que vem	**в следующем году**	[f sléduʃʲem gɔdú]
no ano passado	**в прошлом году**	[f próʃlɔm gɔdú]
há um ano	**год назад**	[gót nazád]
em um ano	**через год**	[ʧéres gód]
dentro de dois anos	**через 2 года**	[ʧéres dvá góda]
todo o ano	**весь год**	[vesʲ gód]
um ano inteiro	**целый год**	[ʦǽlɨj gód]
cada ano	**каждый год**	[káʒdɨj gód]
anual (adj)	**ежегодный**	[eʒegódnɨj]
anualmente	**ежегодно**	[eʒegódnɔ]
quatro vezes por ano	**4 раза в год**	[ʧetīre ráza v gód]
data (~ de hoje)	**число** (с)	[ʧisló]
data (ex. ~ de nascimento)	**дата** (ж)	[dáta]
calendário (m)	**календарь** (м)	[kalendárʲ]
meio ano	**полгода**	[pɔlgóda]
seis meses	**полугодие** (с)	[pɔlugódie]

estação (f)	**сезон** (м)	[sezón]
século (m)	**век** (м)	[vék]

VIAGENS. HOTEL

20. Viagens

turismo (m)	**туризм** (м)	[turízm]
turista (m)	**турист** (м)	[turíst]
viagem (f)	**путешествие** (с)	[puteʃǽstvie]
aventura (f)	**приключение** (с)	[priklʲutʃénie]
percurso (curta viagem)	**поездка** (ж)	[pɔéstka]
férias (f pl)	**отпуск** (м)	[ótpusk]
estar de férias	**быть в отпуске**	[bɪ̄tʲ v ótpuske]
descanso (m)	**отдых** (м)	[ótdɨh]
trem (m)	**поезд** (м)	[póezd]
de trem (chegar ~)	**поездом**	[póezdɔm]
avião (m)	**самолёт** (м)	[samɔlǿt]
de avião	**самолётом**	[samɔlǿtɔm]
de carro	**на автомобиле**	[na aftɔmɔbíle]
de navio	**на корабле**	[na kɔrablé]
bagagem (f)	**багаж** (м)	[bagáʃ]
mala (f)	**чемодан** (м)	[tʃemɔdán]
carrinho (m)	**тележка** (ж) **для багажа**	[teléʃka dlʲa bagaʒá]
passaporte (m)	**паспорт** (м)	[páspɔrt]
visto (m)	**виза** (ж)	[víza]
passagem (f)	**билет** (м)	[bilét]
passagem (f) aérea	**авиабилет** (м)	[aviabilét]
guia (m) de viagem	**путеводитель** (м)	[putevɔdítelʲ]
mapa (m)	**карта** (ж)	[kárta]
área (f)	**местность** (ж)	[mésnɔstʲ]
lugar (m)	**место** (с)	[méstɔ]
exotismo (m)	**экзотика** (ж)	[ɛkzótika]
exótico (adj)	**экзотический**	[ɛkzɔtítʃeskij]
surpreendente (adj)	**удивительный**	[udivítelʲnɨj]
grupo (m)	**группа** (ж)	[grúpa]
excursão (f)	**экскурсия** (ж)	[ɛkskúrsija]
guia (m)	**экскурсовод** (м)	[ɛkskursɔvód]

21. Hotel

hotel (m)	**гостиница** (ж)	[gɔstínitsa]
motel (m)	**мотель** (м)	[mɔtǽlʲ]
três estrelas	**3 звезды**	[trí zvezdɪ̄]

cinco estrelas	**5 звёзд**	[pʲátʲ zvǿzd]
ficar (vi, vt)	**остановиться** (св, возв)	[ɔstanɔvítsa]
quarto (m)	**номер** (м)	[nómer]
quarto (m) individual	**одноместный номер** (м)	[ɔdnɔ·mésnɨj nómer]
quarto (m) duplo	**двухместный номер** (м)	[dvuh·mésnɨj nómer]
reservar um quarto	**бронировать номер**	[brɔnírɔvatʲ nómer]
meia pensão (f)	**полупансион** (м)	[pɔlu·pansión]
pensão (f) completa	**полный пансион** (м)	[pólnɨj pansión]
com banheira	**с ванной**	[s vánnɔj]
com chuveiro	**с душем**	[s dúʃɛm]
televisão (m) por satélite	**спутниковое телевидение** (с)	[spútnikɔvɔe televídenie]
ar (m) condicionado	**кондиционер** (м)	[kɔnditsɨɔnér]
toalha (f)	**полотенце** (с)	[pɔlɔténtse]
chave (f)	**ключ** (м)	[klʲútʃ]
administrador (m)	**администратор** (м)	[administrátɔr]
camareira (f)	**горничная** (ж)	[górnitʃnaja]
bagageiro (m)	**носильщик** (м)	[nɔsílʲʃʲik]
porteiro (m)	**портье** (с)	[pɔrtjé]
restaurante (m)	**ресторан** (м)	[restɔrán]
bar (m)	**бар** (м)	[bár]
café (m) da manhã	**завтрак** (м)	[záftrak]
jantar (m)	**ужин** (м)	[úʒɨn]
bufê (m)	**шведский стол** (м)	[ʃvétskij stól]
saguão (m)	**вестибюль** (м)	[vestibʲúlʲ]
elevador (m)	**лифт** (м)	[líft]
NÃO PERTURBE	**НЕ БЕСПОКОИТЬ**	[ne bespɔkóitʲ]
PROIBIDO FUMAR!	**НЕ КУРИТЬ!**	[ne kurítʲ]

22. Turismo

monumento (m)	**памятник** (м)	[pámɪtnik]
fortaleza (f)	**крепость** (ж)	[krépɔstʲ]
palácio (m)	**дворец** (м)	[dvɔréts]
castelo (m)	**замок** (м)	[zámɔk]
torre (f)	**башня** (ж)	[báʃnʲa]
mausoléu (m)	**мавзолей** (м)	[mavzɔléj]
arquitetura (f)	**архитектура** (ж)	[arhitektúra]
medieval (adj)	**средневековый**	[srednevekóvɨj]
antigo (adj)	**старинный**	[starínnɨj]
nacional (adj)	**национальный**	[natsɨonálʲnɨj]
famoso, conhecido (adj)	**известный**	[izvésnɨj]
turista (m)	**турист** (м)	[turíst]
guia (pessoa)	**гид** (м)	[gíd]
excursão (f)	**экскурсия** (ж)	[ɛkskúrsija]

mostrar (vt)	**показывать** (нсв, пх)	[pɔkázɨvatʲ]
contar (vt)	**рассказывать** (нсв, пх)	[raskázɨvatʲ]
encontrar (vt)	**найти** (св, пх)	[najtí]
perder-se (vr)	**потеряться** (св, возв)	[pɔterʲát͡sa]
mapa (~ do metrô)	**схема** (ж)	[sxéma]
mapa (~ da cidade)	**план** (м)	[plán]
lembrança (f), presente (m)	**сувенир** (м)	[suvenír]
loja (f) de presentes	**магазин** (м) **сувениров**	[magazín suvenírɔf]
tirar fotos, fotografar	**фотографировать** (нсв, пх)	[fɔtɔgrafírɔvatʲ]
fotografar-se (vr)	**фотографироваться** (нсв, возв)	[fɔtɔgrafírɔvat͡sa]

TRANSPORTES

23. Aeroporto

aeroporto (m)	**аэропорт** (м)	[aɛrɔpórt]
avião (m)	**самолёт** (м)	[samɔløt]
companhia (f) aérea	**авиакомпания** (ж)	[avia·kɔmpánija]
controlador (m) de tráfego aéreo	**авиадиспетчер** (м)	[avia·dispétʃer]
partida (f)	**вылет** (м)	[vɨlet]
chegada (f)	**прилёт** (м)	[priløt]
chegar (vi)	**прилететь** (св, нпх)	[priletétʲ]
hora (f) de partida	**время** (с) **вылета**	[vrémʲa vɨleta]
hora (f) de chegada	**время** (с) **прилёта**	[vrémʲa priløta]
estar atrasado	**задерживаться** (нсв, возв)	[zadérʒɨvatsa]
atraso (m) de voo	**задержка** (ж) **вылета**	[zadérʃka vɨleta]
painel (m) de informação	**информационное табло** (с)	[infɔrmatsɨónnɔe tabló]
informação (f)	**информация** (ж)	[infɔrmátsɨja]
anunciar (vt)	**объявлять** (нсв, пх)	[ɔbjɪvlʲátʲ]
voo (m)	**рейс** (м)	[réjs]
alfândega (f)	**таможня** (ж)	[tamóʒnʲa]
funcionário (m) da alfândega	**таможенник** (м)	[tamóʒenik]
declaração (f) alfandegária	**декларация** (ж)	[deklarátsɨja]
preencher (vt)	**заполнить** (св, пх)	[zapólnitʲ]
preencher a declaração	**заполнить декларацию**	[zapólnitʲ deklarátsɨju]
controle (m) de passaporte	**паспортный контроль** (м)	[páspɔrtnɨj kɔntrólʲ]
bagagem (f)	**багаж** (м)	[bagáʃ]
bagagem (f) de mão	**ручная кладь** (ж)	[rutʃnája klátʲ]
carrinho (m)	**тележка** (ж) **для багажа**	[teléʃka dlʲa bagaʒá]
pouso (m)	**посадка** (ж)	[pɔsátka]
pista (f) de pouso	**посадочная полоса** (ж)	[pɔsádɔtʃnaja pɔlɔsá]
aterrissar (vi)	**садиться** (нсв, возв)	[sadítsa]
escada (f) de avião	**трап** (м)	[tráp]
check-in (m)	**регистрация** (ж)	[registrátsɨja]
balcão (m) do check-in	**стойка** (ж) **регистрации**	[stójka registrátsɨi]
fazer o check-in	**зарегистрироваться** (св, возв)	[zaregistrírɔvatsa]
cartão (m) de embarque	**посадочный талон** (м)	[pɔsádɔtʃnɨj talón]
portão (m) de embarque	**выход** (м)	[vɨhɔd]
trânsito (m)	**транзит** (м)	[tranzít]
esperar (vi, vt)	**ждать** (нсв, пх)	[ʒdátʲ]

sala (f) de espera	**зал** (м) **ожидания**	[zál ɔʒɨdánija]
despedir-se (acompanhar)	**провожать** (нсв, пх)	[prɔvɔʒátʲ]
despedir-se (dizer adeus)	**прощаться** (нсв, возв)	[prɔʃʲátsa]

24. Avião

avião (m)	**самолёт** (м)	[samɔlǿt]
passagem (f) aérea	**авиабилет** (м)	[aviabilét]
companhia (f) aérea	**авиакомпания** (ж)	[avia·kɔmpánija]
aeroporto (m)	**аэропорт** (м)	[aɛrɔpórt]
supersônico (adj)	**сверхзвуковой**	[sverh·zvukɔvój]
comandante (m) do avião	**командир** (м) **корабля**	[kɔmandír kɔrablʲá]
tripulação (f)	**экипаж** (м)	[ɛkipáʃ]
piloto (m)	**пилот** (м)	[pilót]
aeromoça (f)	**стюардесса** (ж)	[stʲuardǽsa]
copiloto (m)	**штурман** (м)	[ʃtúrman]
asas (f pl)	**крылья** (с мн)	[krɨ̄lja]
cauda (f)	**хвост** (м)	[hvóst]
cabine (f)	**кабина** (ж)	[kabína]
motor (m)	**двигатель** (м)	[dvígatelʲ]
trem (m) de pouso	**шасси** (с)	[ʃassí]
turbina (f)	**турбина** (ж)	[turbína]
hélice (f)	**пропеллер** (м)	[prɔpéller]
caixa-preta (f)	**чёрный ящик** (м)	[ʧórnɨj jáʃʲik]
coluna (f) de controle	**штурвал** (м)	[ʃturvál]
combustível (m)	**горючее** (с)	[gɔrʲúʧee]
instruções (f pl) de segurança	**инструкция по безопасности**	[instrúktsɨja pɔ bezɔpásnɔsti]
máscara (f) de oxigênio	**кислородная маска** (ж)	[kislɔródnaja máska]
uniforme (m)	**униформа** (ж)	[unifórma]
colete (m) salva-vidas	**спасательный жилет** (м)	[spasátelʲnɨj ʒɨlét]
paraquedas (m)	**парашют** (м)	[paraʃút]
decolagem (f)	**взлёт** (м)	[vzlǿt]
descolar (vi)	**взлетать** (нсв, нпх)	[vzletátʲ]
pista (f) de decolagem	**взлётная полоса** (ж)	[vzlǿtnaja pɔlasá]
visibilidade (f)	**видимость** (ж)	[vídimɔstʲ]
voo (m)	**полёт** (м)	[pɔlǿt]
altura (f)	**высота** (ж)	[vɨsɔtá]
poço (m) de ar	**воздушная яма** (ж)	[vɔzdúʃnaja jáma]
assento (m)	**место** (с)	[méstɔ]
fone (m) de ouvido	**наушники** (м мн)	[naúʃniki]
mesa (f) retrátil	**откидной столик** (м)	[ɔtkidnój stólik]
janela (f)	**иллюминатор** (м)	[ilʲuminátɔr]
corredor (m)	**проход** (м)	[prɔhód]

25. Comboio

trem (m)	**поезд** (м)	[póezd]
trem (m) elétrico	**электричка** (ж)	[εlektrítʃka]
trem (m)	**скорый поезд** (м)	[skórɨj póezd]
locomotiva (f) diesel	**тепловоз** (м)	[teplɔvós]
locomotiva (f) a vapor	**паровоз** (м)	[parɔvós]
vagão (f) de passageiros	**вагон** (м)	[vagón]
vagão-restaurante (m)	**вагон-ресторан** (м)	[vagón-restɔrán]
carris (m pl)	**рельсы** (мн)	[rélʲsɨ]
estrada (f) de ferro	**железная дорога** (ж)	[ʒeléznaja dɔróga]
travessa (f)	**шпала** (ж)	[ʃpála]
plataforma (f)	**платформа** (ж)	[platfórma]
linha (f)	**путь** (м)	[pútʲ]
semáforo (m)	**семафор** (м)	[semafór]
estação (f)	**станция** (ж)	[stántsɨja]
maquinista (m)	**машинист** (м)	[maʃɨníst]
bagageiro (m)	**носильщик** (м)	[nɔsílʲʃʲik]
hospedeiro, -a (m, f)	**проводник** (м)	[prɔvɔdník]
passageiro (m)	**пассажир** (м)	[pasaʒɨ́r]
revisor (m)	**контролёр** (м)	[kɔntrɔlǿr]
corredor (m)	**коридор** (м)	[kɔridór]
freio (m) de emergência	**стоп-кран** (м)	[stɔp-krán]
compartimento (m)	**купе** (с)	[kupǽ]
cama (f)	**полка** (ж)	[pólka]
cama (f) de cima	**верхняя полка** (ж)	[vérhnʲaja pólka]
cama (f) de baixo	**нижняя полка** (ж)	[níʒnʲaja pólka]
roupa (f) de cama	**постельное бельё** (с)	[pɔstélʲnɔe beljǿ]
passagem (f)	**билет** (м)	[bilét]
horário (m)	**расписание** (с)	[raspisánie]
painel (m) de informação	**табло** (с)	[tabló]
partir (vt)	**отходить** (нсв, нпх)	[ɔtxɔdítʲ]
partida (f)	**отправление** (с)	[ɔtpravlénie]
chegar (vi)	**прибывать** (нсв, нпх)	[pribɨvátʲ]
chegada (f)	**прибытие** (с)	[pribɨ́tie]
chegar de trem	**приехать поездом**	[priéhatʲ póezdɔm]
pegar o trem	**сесть на поезд**	[séstʲ na póezd]
descer de trem	**сойти с поезда**	[sɔjtí s póezda]
acidente (m) ferroviário	**крушение** (с)	[kruʃǽnie]
descarrilar (vi)	**сойти с рельс**	[sɔjtí s rélʲs]
locomotiva (f) a vapor	**паровоз** (м)	[parɔvós]
foguista (m)	**кочегар** (м)	[kɔtʃegár]
fornalha (f)	**топка** (ж)	[tópka]
carvão (m)	**уголь** (м)	[úgɔlʲ]

26. Barco

navio (m)	**корабль** (м)	[kɔrábl^j]
embarcação (f)	**судно** (с)	[súdnɔ]
barco (m) a vapor	**пароход** (м)	[parɔhód]
barco (m) fluvial	**теплоход** (м)	[teplɔhód]
transatlântico (m)	**лайнер** (м)	[lájner]
cruzeiro (m)	**крейсер** (м)	[kréjser]
iate (m)	**яхта** (ж)	[jáhta]
rebocador (m)	**буксир** (м)	[buksír]
barcaça (f)	**баржа** (ж)	[barʒá]
ferry (m)	**паром** (м)	[paróm]
veleiro (m)	**парусник** (м)	[párusnik]
bergantim (m)	**бригантина** (ж)	[brigantína]
quebra-gelo (m)	**ледокол** (м)	[ledɔkól]
submarino (m)	**подводная лодка** (ж)	[pɔdvódnaja lótka]
bote, barco (m)	**лодка** (ж)	[lótka]
baleeira (bote salva-vidas)	**шлюпка** (ж)	[ʃl^júpka]
bote (m) salva-vidas	**спасательная шлюпка** (ж)	[spasátel^jnaja ʃl^júpka]
lancha (f)	**катер** (м)	[káter]
capitão (m)	**капитан** (м)	[kapitán]
marinheiro (m)	**матрос** (м)	[matrós]
marujo (m)	**моряк** (м)	[mɔr^ják]
tripulação (f)	**экипаж** (м)	[ɛkipáʃ]
contramestre (m)	**боцман** (м)	[bótsman]
grumete (m)	**юнга** (м)	[júnga]
cozinheiro (m) de bordo	**кок** (м)	[kók]
médico (m) de bordo	**судовой врач** (м)	[sudɔvój vrátʃ]
convés (m)	**палуба** (ж)	[páluba]
mastro (m)	**мачта** (ж)	[mátʃta]
vela (f)	**парус** (м)	[párus]
porão (m)	**трюм** (м)	[tr^júm]
proa (f)	**нос** (м)	[nós]
popa (f)	**корма** (ж)	[kɔrmá]
remo (m)	**весло** (с)	[vesló]
hélice (f)	**винт** (м)	[vínt]
cabine (m)	**каюта** (ж)	[kajúta]
sala (f) dos oficiais	**кают-компания** (ж)	[kajút-kɔmpánija]
sala (f) das máquinas	**машинное отделение** (с)	[maʃínnɔe ɔtdelénie]
ponte (m) de comando	**капитанский мостик** (м)	[kapitánskij móstik]
sala (f) de comunicações	**радиорубка** (ж)	[radiɔ·rúpka]
onda (f)	**волна** (ж)	[vɔlná]
diário (m) de bordo	**судовой журнал** (м)	[sudɔvój ʒurnál]
luneta (f)	**подзорная труба** (ж)	[pɔdzórnaja trubá]
sino (m)	**колокол** (м)	[kólɔkɔl]

bandeira (f)	**флаг** (м)	[flág]
cabo (m)	**канат** (м)	[kanát]
nó (m)	**узел** (м)	[úzel]
corrimão (m)	**поручень** (м)	[póruʧenʲ]
prancha (f) de embarque	**трап** (м)	[tráp]
âncora (f)	**якорь** (м)	[jákɔrʲ]
recolher a âncora	**поднять якорь**	[pɔdnʲátʲ jákɔrʲ]
jogar a âncora	**бросить якорь**	[brósitʲ jákɔrʲ]
amarra (corrente de âncora)	**якорная цепь** (ж)	[jákɔrnaja ʦǽpʲ]
porto (m)	**порт** (м)	[pórt]
cais, amarradouro (m)	**причал** (м)	[priʧál]
atracar (vi)	**причаливать** (нсв, нпх)	[priʧálivatʲ]
desatracar (vi)	**отчаливать** (нсв, нпх)	[ɔtʧálivatʲ]
viagem (f)	**путешествие** (с)	[puteʃǽstvie]
cruzeiro (m)	**круиз** (м)	[kruís]
rumo (m)	**курс** (м)	[kúrs]
itinerário (m)	**маршрут** (м)	[marʃrút]
canal (m) de navegação	**фарватер** (м)	[farvátɛr]
banco (m) de areia	**мель** (ж)	[mélʲ]
encalhar (vt)	**сесть на мель**	[séstʲ na mélʲ]
tempestade (f)	**буря** (ж)	[búrʲa]
sinal (m)	**сигнал** (м)	[signál]
afundar-se (vr)	**тонуть** (нсв, нпх)	[tɔnútʲ]
Homem ao mar!	**Человек за бортом!**	[ʧelɔvék za bórtɔm]
SOS	**SOS** (м)	[sós]
boia (f) salva-vidas	**спасательный круг** (м)	[spasátelʲnɨj krúg]

CIDADE

27. Transportes urbanos

ônibus (m)	**автобус** (м)	[aftóbus]
bonde (m) elétrico	**трамвай** (м)	[tramváj]
trólebus (m)	**троллейбус** (м)	[trɔléjbus]
rota (f), itinerário (m)	**маршрут** (м)	[marʃrút]
número (m)	**номер** (м)	[nómer]
ir de … (carro, etc.)	**ехать на …** (нсв)	[éhatʲ na …]
entrar no …	**сесть на …** (св)	[séstʲ na …]
descer do …	**сойти с …** (св)	[sɔjtí s …]
parada (f)	**остановка** (ж)	[ɔstanófka]
próxima parada (f)	**следующая остановка** (ж)	[sléduʃʲaja ɔstanófka]
terminal (m)	**конечная остановка** (ж)	[kɔnéʧnaja ɔstanófka]
horário (m)	**расписание** (с)	[raspisánie]
esperar (vt)	**ждать** (нсв, пх)	[ʒdátʲ]
passagem (f)	**билет** (м)	[bilét]
tarifa (f)	**стоимость** (ж) **билета**	[stóimɔstʲ biléta]
bilheteiro (m)	**кассир** (м)	[kassír]
controle (m) de passagens	**контроль** (м)	[kɔntrólʲ]
revisor (m)	**контролёр** (м)	[kɔntrɔlør]
atrasar-se (vr)	**опаздывать на …** (нсв, нпх)	[ɔpázdɨvatʲ na …]
perder (o autocarro, etc.)	**опоздать на …** (св, нпх)	[ɔpɔzdátʲ na …]
estar com pressa	**спешить** (нсв, нпх)	[speʃítʲ]
táxi (m)	**такси** (с)	[taksí]
taxista (m)	**таксист** (м)	[taksíst]
de táxi (ir ~)	**на такси**	[na taksí]
ponto (m) de táxis	**стоянка** (ж) **такси**	[stɔjánka taksí]
chamar um táxi	**вызвать такси**	[vɨ́zvatʲ taksí]
pegar um táxi	**взять такси**	[vzʲátʲ taksí]
tráfego (m)	**уличное движение** (с)	[úliʧnɔe dviʒǽnie]
engarrafamento (m)	**пробка** (ж)	[própka]
horas (f pl) de pico	**часы пик** (м)	[ʧasɨ́ pík]
estacionar (vi)	**парковаться** (нсв, возв)	[parkɔvátsa]
estacionar (vt)	**парковать** (нсв, пх)	[parkɔvátʲ]
parque (m) de estacionamento	**стоянка** (ж)	[stɔjánka]
metrô (m)	**метро** (с)	[metró]
estação (f)	**станция** (ж)	[stántsɨja]
ir de metrô	**ехать на метро**	[éhatʲ na metró]
trem (m)	**поезд** (м)	[póezd]
estação (f) de trem	**вокзал** (м)	[vɔkzál]

28. Cidade. Vida na cidade

cidade (f)	**город** (м)	[górɔd]
capital (f)	**столица** (ж)	[stɔlítsa]
aldeia (f)	**деревня** (ж)	[derévnʲa]
mapa (m) da cidade	**план** (м) **города**	[plán górɔda]
centro (m) da cidade	**центр** (м) **города**	[tsǽntr górɔda]
subúrbio (m)	**пригород** (м)	[prígɔrɔd]
suburbano (adj)	**пригородный**	[prígɔrɔdnɨj]
periferia (f)	**окраина** (ж)	[ɔkráina]
arredores (m pl)	**окрестности** (ж мн)	[ɔkrésnɔsti]
quarteirão (m)	**квартал** (м)	[kvartál]
quarteirão (m) residencial	**жилой квартал** (м)	[ʒɨlój kvartál]
tráfego (m)	**движение** (с)	[dviʒǽnie]
semáforo (m)	**светофор** (м)	[svetɔfór]
transporte (m) público	**городской транспорт** (м)	[gɔrɔtskój tránspɔrt]
cruzamento (m)	**перекрёсток** (м)	[perekrøstɔk]
faixa (f)	**переход** (м)	[perehód]
túnel (m) subterrâneo	**подземный переход** (м)	[pɔdzémnɨj perehód]
cruzar, atravessar (vt)	**переходить** (нсв, н/пх)	[perehɔdítʲ]
pedestre (m)	**пешеход** (м)	[peʃɛhód]
calçada (f)	**тротуар** (м)	[trɔtuár]
ponte (f)	**мост** (м)	[móst]
margem (f) do rio	**набережная** (ж)	[náberezʒnaja]
fonte (f)	**фонтан** (м)	[fɔntán]
alameda (f)	**аллея** (ж)	[aléja]
parque (m)	**парк** (м)	[párk]
bulevar (m)	**бульвар** (м)	[bulʲvár]
praça (f)	**площадь** (ж)	[plóʃʲatʲ]
avenida (f)	**проспект** (м)	[prɔspékt]
rua (f)	**улица** (ж)	[úlitsa]
travessa (f)	**переулок** (м)	[pereúlɔk]
beco (m) sem saída	**тупик** (м)	[tupík]
casa (f)	**дом** (м)	[dóm]
edifício, prédio (m)	**здание** (с)	[zdánie]
arranha-céu (m)	**небоскрёб** (м)	[nebɔskrøb]
fachada (f)	**фасад** (м)	[fasád]
telhado (m)	**крыша** (ж)	[krīʃa]
janela (f)	**окно** (с)	[ɔknó]
arco (m)	**арка** (ж)	[árka]
coluna (f)	**колонна** (ж)	[kɔlóna]
esquina (f)	**угол** (м)	[úgɔl]
vitrine (f)	**витрина** (ж)	[vitrína]
letreiro (m)	**вывеска** (ж)	[vīveska]
cartaz (do filme, etc.)	**афиша** (ж)	[afíʃa]
cartaz (m) publicitário	**рекламный плакат** (м)	[reklámnɨj plakát]

painel (m) publicitário	**рекламный щит** (м)	[reklámnɨj ʃít]
lixo (m)	**мусор** (м)	[músɔr]
lata (f) de lixo	**урна** (ж)	[úrna]
jogar lixo na rua	**сорить** (нсв, нпх)	[sɔrítʲ]
aterro (m) sanitário	**свалка** (ж)	[sválka]
orelhão (m)	**телефонная будка** (ж)	[telefónnaja bútka]
poste (m) de luz	**фонарный столб** (м)	[fɔnárnɨj stólb]
banco (m)	**скамейка** (ж)	[skaméjka]
polícia (m)	**полицейский** (м)	[pɔlitsæjskij]
polícia (instituição)	**полиция** (ж)	[pɔlítsɨja]
mendigo, pedinte (m)	**нищий** (м)	[níʃʲij]
desabrigado (m)	**бездомный** (м)	[bezdómnɨj]

29. Instituições urbanas

loja (f)	**магазин** (м)	[magazín]
drogaria (f)	**аптека** (ж)	[aptéka]
ótica (f)	**оптика** (ж)	[óptika]
centro (m) comercial	**торговый центр** (м)	[tɔrgóvɨj tsæntr]
supermercado (m)	**супермаркет** (м)	[supermárket]
padaria (f)	**булочная** (ж)	[búlɔtʃnaja]
padeiro (m)	**пекарь** (м)	[pékarʲ]
pastelaria (f)	**кондитерская** (ж)	[kɔndíterskaja]
mercearia (f)	**продуктовый магазин** (м)	[prɔduktóvɨj magazín]
açougue (m)	**мясная лавка** (ж)	[mɪsnája láfka]
fruteira (f)	**овощная лавка** (ж)	[ɔvɔʃʲnája láfka]
mercado (m)	**рынок** (м)	[rɨ̄nɔk]
cafeteria (f)	**кафе** (с)	[kafæ]
restaurante (m)	**ресторан** (м)	[restɔrán]
bar (m)	**пивная** (ж)	[pivnája]
pizzaria (f)	**пиццерия** (ж)	[pitsærija], [pitsɛríja]
salão (m) de cabeleireiro	**парикмахерская** (ж)	[parihmáherskaja]
agência (f) dos correios	**почта** (ж)	[pótʃta]
lavanderia (f)	**химчистка** (ж)	[himtʃístka]
estúdio (m) fotográfico	**фотоателье** (с)	[fɔtɔ·atɛljé]
sapataria (f)	**обувной магазин** (м)	[ɔbuvnój magazín]
livraria (f)	**книжный магазин** (м)	[kníʒnɨj magazín]
loja (f) de artigos esportivos	**спортивный магазин** (м)	[spɔrtívnɨj magazín]
costureira (m)	**ремонт** (м) **одежды**	[remónt ɔdéʒdɨ]
aluguel (m) de roupa	**прокат** (м) **одежды**	[prɔkát ɔdéʒdɨ]
videolocadora (f)	**прокат** (м) **фильмов**	[prɔkát fílʲmɔf]
circo (m)	**цирк** (м)	[tsɨ̄rk]
jardim (m) zoológico	**зоопарк** (м)	[zɔɔpárk]
cinema (m)	**кинотеатр** (м)	[kinɔteátr]
museu (m)	**музей** (м)	[muzéj]

biblioteca (f)	**библиотека** (ж)	[bibliɔtéka]
teatro (m)	**театр** (м)	[teátr]
ópera (f)	**опера** (ж)	[ópera]
boate (casa noturna)	**ночной клуб** (м)	[nɔtʃnój klúb]
cassino (m)	**казино** (с)	[kazinó]
mesquita (f)	**мечеть** (ж)	[metʃétʲ]
sinagoga (f)	**синагога** (ж)	[sinagóga]
catedral (f)	**собор** (м)	[sɔbór]
templo (m)	**храм** (м)	[hrám]
igreja (f)	**церковь** (ж)	[tsǽrkɔfʲ]
faculdade (f)	**институт** (м)	[institút]
universidade (f)	**университет** (м)	[universitét]
escola (f)	**школа** (ж)	[ʃkóla]
prefeitura (f)	**префектура** (ж)	[prefektúra]
câmara (f) municipal	**мэрия** (ж)	[mǽrija]
hotel (m)	**гостиница** (ж)	[gɔstínitsa]
banco (m)	**банк** (м)	[bánk]
embaixada (f)	**посольство** (с)	[pɔsólʲstvɔ]
agência (f) de viagens	**турагентство** (с)	[tur·agénstvɔ]
agência (f) de informações	**справочное бюро** (с)	[správɔtʃnɔe bʲuró]
casa (f) de câmbio	**обменный пункт** (м)	[ɔbménnɨj púnkt]
metrô (m)	**метро** (с)	[metró]
hospital (m)	**больница** (ж)	[bɔlʲnítsa]
posto (m) de gasolina	**автозаправка** (ж)	[aftɔ·zapráfka]
parque (m) de estacionamento	**стоянка** (ж)	[stɔjánka]

30. Sinais

letreiro (m)	**вывеска** (ж)	[vɨ̄veska]
aviso (m)	**надпись** (ж)	[nátpisʲ]
cartaz, pôster (m)	**плакат, постер** (м)	[plakát], [póstɛr]
placa (f) de direção	**указатель** (м)	[ukazátelʲ]
seta (f)	**стрелка** (ж)	[strélka]
aviso (advertência)	**предостережение** (с)	[predɔstereʒǽnie]
sinal (m) de aviso	**предупреждение** (с)	[predupreʒdénie]
avisar, advertir (vt)	**предупредить** (св, пх)	[predupredítʲ]
dia (m) de folga	**выходной день** (м)	[vɨhɔdnój dénʲ]
horário (~ dos trens, etc.)	**расписание** (с)	[raspisánie]
horário (m)	**часы** (мн) **работы**	[tʃasɨ̄ rabótɨ]
BEM-VINDOS!	**ДОБРО ПОЖАЛОВАТЬ!**	[dɔbró pɔʒálɔvatʲ]
ENTRADA	**ВХОД**	[fhód]
SAÍDA	**ВЫХОД**	[vɨ̄hɔd]
EMPURRE	**ОТ СЕБЯ**	[ɔt sebʲá]
PUXE	**НА СЕБЯ**	[na sebʲá]

ABERTO	**ОТКРЫТО**	[ɔtkrīto]
FECHADO	**ЗАКРЫТО**	[zakrīto]
MULHER	**ДЛЯ ЖЕНЩИН**	[dlʲa ʒǽnʃin]
HOMEM	**ДЛЯ МУЖЧИН**	[dlʲa muʃín]
DESCONTOS	**СКИДКИ**	[skítki]
SALDOS, PROMOÇÃO	**РАСПРОДАЖА**	[rasprɔdáʒa]
NOVIDADE!	**НОВИНКА!**	[nɔvínka]
GRÁTIS	**БЕСПЛАТНО**	[besplátnɔ]
ATENÇÃO!	**ВНИМАНИЕ!**	[vnimánie]
NÃO HÁ VAGAS	**МЕСТ НЕТ**	[mést nét]
RESERVADO	**ЗАРЕЗЕРВИРОВАНО**	[zarezervírɔvanɔ]
ADMINISTRAÇÃO	**АДМИНИСТРАЦИЯ**	[administrátsija]
SOMENTE PESSOAL AUTORIZADO	**ТОЛЬКО ДЛЯ ПЕРСОНАЛА**	[tólʲkɔ dlʲa persɔnála]
CUIDADO CÃO FEROZ	**ЗЛАЯ СОБАКА**	[zlája sɔbáka]
PROIBIDO FUMAR!	**НЕ КУРИТЬ!**	[ne kurítʲ]
NÃO TOCAR	**РУКАМИ НЕ ТРОГАТЬ!**	[rukámi ne trógatʲ]
PERIGOSO	**ОПАСНО**	[ɔpásnɔ]
PERIGO	**ОПАСНОСТЬ**	[ɔpásnɔstʲ]
ALTA TENSÃO	**ВЫСОКОЕ НАПРЯЖЕНИЕ**	[visókɔe naprɪʒǽnie]
PROIBIDO NADAR	**КУПАТЬСЯ ЗАПРЕЩЕНО**	[kupátsa zapreʃenó]
COM DEFEITO	**НЕ РАБОТАЕТ**	[ne rabótaet]
INFLAMÁVEL	**ОГНЕОПАСНО**	[ɔgneɔpásnɔ]
PROIBIDO	**ЗАПРЕЩЕНО**	[zapreʃenó]
ENTRADA PROIBIDA	**ПРОХОД ЗАПРЕЩЁН**	[prɔhót zapreʃøn]
CUIDADO TINTA FRESCA	**ОКРАШЕНО**	[ɔkráʃɛnɔ]

31. Compras

comprar (vt)	**покупать** (нсв, пх)	[pɔkupátʲ]
compra (f)	**покупка** (ж)	[pɔkúpka]
fazer compras	**делать покупки**	[délatʲ pɔkúpki]
compras (f pl)	**шоппинг** (м)	[ʃóping]
estar aberta (loja)	**работать** (нсв, нпх)	[rabótatʲ]
estar fechada	**закрыться** (св, возв)	[zakrītsa]
calçado (m)	**обувь** (ж)	[óbufʲ]
roupa (f)	**одежда** (ж)	[ɔdéʒda]
cosméticos (m pl)	**косметика** (ж)	[kɔsmétika]
alimentos (m pl)	**продукты** (мн)	[prɔdúktɨ]
presente (m)	**подарок** (м)	[pɔdárɔk]
vendedor (m)	**продавец** (м)	[prɔdavéts]
vendedora (f)	**продавщица** (ж)	[prɔdafʃítsa]
caixa (f)	**касса** (ж)	[kássa]
espelho (m)	**зеркало** (с)	[zérkalɔ]

balcão (m)	**прилавок** (м)	[prilávɔk]
provador (m)	**примерочная** (ж)	[primérɔʧnaja]
provar (vt)	**примерить** (св, пх)	[primérit^j]
servir (roupa, caber)	**подходить** (нсв, нпх)	[pɔtxɔdít^j]
gostar (apreciar)	**нравиться** (нсв, возв)	[nrávitsa]
preço (m)	**цена** (ж)	[tsɛná]
etiqueta (f) de preço	**ценник** (м)	[tsǽnnik]
custar (vt)	**стоить** (нсв, пх)	[stóit^j]
Quanto?	**Сколько?**	[skól^jkɔ?]
desconto (m)	**скидка** (ж)	[skítka]
não caro (adj)	**недорогой**	[nedɔrɔgój]
barato (adj)	**дешёвый**	[deʃóvɨj]
caro (adj)	**дорогой**	[dɔrɔgój]
É caro	**Это дорого.**	[ǽtɔ dórɔgɔ]
aluguel (m)	**прокат** (м)	[prɔkát]
alugar (roupas, etc.)	**взять напрокат**	[vz^ját^j naprɔkát]
crédito (m)	**кредит** (м)	[kredít]
a crédito	**в кредит**	[f kredít]

VESTUÁRIO & ACESSÓRIOS

32. Roupa exterior. Casacos

roupa (f)	**одежда** (ж)	[ɔdéʒda]
roupa (f) exterior	**верхняя одежда** (ж)	[vérhnʲaja ɔdéʒda]
roupa (f) de inverno	**зимняя одежда** (ж)	[zímnʲaja ɔdéʒda]
sobretudo (m)	**пальто** (с)	[palʲtó]
casaco (m) de pele	**шуба** (ж)	[ʃúba]
jaqueta (f) de pele	**полушубок** (м)	[pɔluʃúbɔk]
casaco (m) acolchoado	**пуховик** (м)	[puhɔvík]
casaco (m), jaqueta (f)	**куртка** (ж)	[kúrtka]
impermeável (m)	**плащ** (м)	[pláʃʲ]
a prova d'água	**непромокаемый**	[neprɔmɔkáemɨj]

33. Vestuário de homem & mulher

camisa (f)	**рубашка** (ж)	[rubáʃka]
calça (f)	**брюки** (мн)	[brʲúki]
jeans (m)	**джинсы** (мн)	[dʒīnsɨ]
paletó, terno (m)	**пиджак** (м)	[pidʒák]
terno (m)	**костюм** (м)	[kɔstʲúm]
vestido (ex. ~ de noiva)	**платье** (с)	[plátje]
saia (f)	**юбка** (ж)	[júpka]
blusa (f)	**блузка** (ж)	[blúska]
casaco (m) de malha	**кофта** (ж)	[kófta]
casaco, blazer (m)	**жакет** (м)	[ʒakét]
camiseta (f)	**футболка** (ж)	[futbólka]
short (m)	**шорты** (мн)	[ʃórtɨ]
training (m)	**спортивный костюм** (м)	[spɔrtívnɨj kɔstʲúm]
roupão (m) de banho	**халат** (м)	[halát]
pijama (m)	**пижама** (ж)	[piʒáma]
suéter (m)	**свитер** (м)	[svítɛr]
pulôver (m)	**пуловер** (м)	[pulóver]
colete (m)	**жилет** (м)	[ʒɨlét]
fraque (m)	**фрак** (м)	[frák]
smoking (m)	**смокинг** (м)	[smóking]
uniforme (m)	**форма** (ж)	[fórma]
roupa (f) de trabalho	**рабочая одежда** (ж)	[rabótʃaja ɔdéʒda]
macacão (m)	**комбинезон** (м)	[kɔmbinezón]
jaleco (m), bata (f)	**халат** (м)	[halát]

34. Vestuário. Roupa interior

roupa (f) íntima	**бельё** (с)	[beljø]
cueca boxer (f)	**трусы** (м)	[trusī]
calcinha (f)	**бельё** (с)	[beljø]
camiseta (f)	**майка** (ж)	[májka]
meias (f pl)	**носки** (мн)	[nɔskí]
camisola (f)	**ночная рубашка** (ж)	[nɔʧnája rubáʃka]
sutiã (m)	**бюстгальтер** (м)	[bʲusgálʲter]
meias longas (f pl)	**гольфы** (мн)	[gólʲfɨ]
meias-calças (f pl)	**колготки** (мн)	[kɔlgótki]
meias (~ de nylon)	**чулки** (мн)	[ʧʲulkí]
maiô (m)	**купальник** (м)	[kupálʲnik]

35. Adereços de cabeça

chapéu (m), touca (f)	**шапка** (ж)	[ʃápka]
chapéu (m) de feltro	**шляпа** (ж)	[ʃlʲápa]
boné (m) de beisebol	**бейсболка** (ж)	[bejzbólka]
boina (~ italiana)	**кепка** (ж)	[képka]
boina (ex. ~ basca)	**берет** (м)	[berét]
capuz (m)	**капюшон** (м)	[kapʲuʃón]
chapéu panamá (m)	**панамка** (ж)	[panámka]
touca (f)	**вязаная шапочка** (ж)	[vʲázanaja ʃápɔʧka]
lenço (m)	**платок** (м)	[platók]
chapéu (m) feminino	**шляпка** (ж)	[ʃlʲápka]
capacete (m) de proteção	**каска** (ж)	[káska]
bibico (m)	**пилотка** (ж)	[pilótka]
capacete (m)	**шлем** (м)	[ʃlém]
chapéu-coco (m)	**котелок** (м)	[kɔtelók]
cartola (f)	**цилиндр** (м)	[ʦɨlíndr]

36. Calçado

calçado (m)	**обувь** (ж)	[óbufʲ]
botinas (f pl), sapatos (m pl)	**ботинки** (мн)	[bɔtínki]
sapatos (de salto alto, etc.)	**туфли** (мн)	[túfli]
botas (f pl)	**сапоги** (мн)	[sapɔgí]
pantufas (f pl)	**тапочки** (мн)	[tápɔʧki]
tênis (~ Nike, etc.)	**кроссовки** (мн)	[krɔsófki]
tênis (~ Converse)	**кеды** (мн)	[kédɨ]
sandálias (f pl)	**сандалии** (мн)	[sandálii]
sapateiro (m)	**сапожник** (м)	[sapóʒnik]
salto (m)	**каблук** (м)	[kablúk]

par (m)	**пара** (ж)	[pára]
cadarço (m)	**шнурок** (м)	[ʃnurók]
amarrar os cadarços	**шнуровать** (нсв, пх)	[ʃnurɔvátʲ]
calçadeira (f)	**рожок** (м)	[rɔʒók]
graxa (f) para calçado	**крем** (м) **для обуви**	[krém dlʲa óbuvi]

37. Acessórios pessoais

luva (f)	**перчатки** (ж мн)	[pertʃátki]
mitenes (f pl)	**варежки** (ж мн)	[váreʃki]
cachecol (m)	**шарф** (м)	[ʃárf]
óculos (m pl)	**очки** (мн)	[ɔtʃkí]
armação (f)	**оправа** (ж)	[ɔpráva]
guarda-chuva (m)	**зонт** (м)	[zónt]
bengala (f)	**трость** (ж)	[tróstʲ]
escova (f) para o cabelo	**щётка** (ж) **для волос**	[ʃʲøtka dlʲa vɔlós]
leque (m)	**веер** (м)	[véer]
gravata (f)	**галстук** (м)	[gálstuk]
gravata-borboleta (f)	**галстук-бабочка** (м)	[gálstuk-bábɔtʃka]
suspensórios (m pl)	**подтяжки** (мн)	[pɔttʲáʃki]
lenço (m)	**носовой платок** (м)	[nɔsɔvój platók]
pente (m)	**расчёска** (ж)	[raʃøska]
fivela (f) para cabelo	**заколка** (ж)	[zakólka]
grampo (m)	**шпилька** (ж)	[ʃpílʲka]
fivela (f)	**пряжка** (ж)	[prʲáʃka]
cinto (m)	**пояс** (м)	[pójas]
alça (f) de ombro	**ремень** (м)	[reménʲ]
bolsa (f)	**сумка** (ж)	[súmka]
bolsa (feminina)	**сумочка** (ж)	[súmɔtʃka]
mochila (f)	**рюкзак** (м)	[rʲukzák]

38. Vestuário. Diversos

moda (f)	**мода** (ж)	[móda]
na moda (adj)	**модный**	[módnɨj]
estilista (m)	**модельер** (м)	[mɔdɛljér]
colarinho (m)	**воротник** (м)	[vɔrɔtník]
bolso (m)	**карман** (м)	[karmán]
de bolso	**карманный**	[karmánnɨj]
manga (f)	**рукав** (м)	[rukáf]
ganchinho (m)	**вешалка** (ж)	[véʃəlka]
bragueta (f)	**ширинка** (ж)	[ʃɨrínka]
zíper (m)	**молния** (ж)	[mólnija]
colchete (m)	**застёжка** (ж)	[zastøʃka]
botão (m)	**пуговица** (ж)	[púgɔvitsa]

botoeira (casa de botão)	**петля** (ж)	[petlʲá]
soltar-se (vr)	**оторваться** (св, возв)	[ɔtɔrvátsa]
costurar (vi)	**шить** (нсв, н/пх)	[ʃítʲ]
bordar (vt)	**вышивать** (нсв, н/пх)	[vɨʃɨvátʲ]
bordado (m)	**вышивка** (ж)	[vɪ̄ʃɨfka]
agulha (f)	**иголка** (ж)	[igólka]
fio, linha (f)	**нитка** (ж)	[nítka]
costura (f)	**шов** (м)	[ʃóf]
sujar-se (vr)	**испачкаться** (св, возв)	[ispátʃkatsa]
mancha (f)	**пятно** (с)	[pɪtnó]
amarrotar-se (vr)	**помяться** (нсв, возв)	[pɔmʲátsa]
rasgar (vt)	**порвать** (св, пх)	[pɔrvátʲ]
traça (f)	**моль** (м)	[mólʲ]

39. Cuidados pessoais. Cosméticos

pasta (f) de dente	**зубная паста** (ж)	[zubnája pásta]
escova (f) de dente	**зубная щётка** (ж)	[zubnája ʃʲøtka]
escovar os dentes	**чистить зубы**	[tʃístitʲ zúbɨ]
gilete (f)	**бритва** (ж)	[brítva]
creme (m) de barbear	**крем** (м) **для бритья**	[krém dlʲa britjá]
barbear-se (vr)	**бриться** (нсв, возв)	[brítsa]
sabonete (m)	**мыло** (с)	[mɪ̄lɔ]
xampu (m)	**шампунь** (м)	[ʃampúnʲ]
tesoura (f)	**ножницы** (мн)	[nóʒnitsɨ]
lixa (f) de unhas	**пилочка** (ж) **для ногтей**	[pílɔtʃka dlʲa nɔktéj]
corta-unhas (m)	**щипчики** (мн)	[ʃʲíptʃiki]
pinça (f)	**пинцет** (м)	[pintsǽt]
cosméticos (m pl)	**косметика** (ж)	[kɔsmétika]
máscara (f)	**маска** (ж)	[máska]
manicure (f)	**маникюр** (м)	[manikʲúr]
fazer as unhas	**делать маникюр**	[délatʲ manikʲúr]
pedicure (f)	**педикюр** (м)	[pedikʲúr]
bolsa (f) de maquiagem	**косметичка** (ж)	[kɔsmetítʃka]
pó (de arroz)	**пудра** (ж)	[púdra]
pó (m) compacto	**пудреница** (ж)	[púdrenitsa]
blush (m)	**румяна** (ж)	[rumʲána]
perfume (m)	**духи** (мн)	[duhí]
água-de-colônia (f)	**туалетная вода** (ж)	[tualétnaja vɔdá]
loção (f)	**лосьон** (м)	[lɔsjón]
colônia (f)	**одеколон** (м)	[ɔdekɔlón]
sombra (f) de olhos	**тени** (мн) **для век**	[téni dlʲa vék]
delineador (m)	**карандаш** (м) **для глаз**	[karandáʃ dlʲa glás]
máscara (f), rímel (m)	**тушь** (ж)	[túʃ]
batom (m)	**губная помада** (ж)	[gubnája pɔmáda]

esmalte (m)	**лак** (м) **для ногтей**	[lák dlʲa nɔktéj]
laquê (m), spray fixador (m)	**лак** (м) **для волос**	[lák dlʲa vɔlós]
desodorante (m)	**дезодорант** (м)	[dezɔdɔránt]
creme (m)	**крем** (м)	[krém]
creme (m) de rosto	**крем** (м) **для лица**	[krém dlʲa lits͡á]
creme (m) de mãos	**крем** (м) **для рук**	[krém dlʲa rúk]
creme (m) antirrugas	**крем** (м) **против морщин**	[krém prótif mɔrʃʲín]
creme (m) de dia	**дневной крем** (м)	[dnevnój krém]
creme (m) de noite	**ночной крем** (м)	[nɔt͡ʃnój krém]
de dia	**дневной**	[dnevnój]
da noite	**ночной**	[nɔt͡ʃnój]
absorvente (m) interno	**тампон** (м)	[tampón]
papel (m) higiênico	**туалетная бумага** (ж)	[tualétnaja bumága]
secador (m) de cabelo	**фен** (м)	[fén]

40. Relógios de pulso. Relógios

relógio (m) de pulso	**часы** (мн)	[t͡ʃasɪ̄]
mostrador (m)	**циферблат** (м)	[t͡sɨferblát]
ponteiro (m)	**стрелка** (ж)	[strélka]
bracelete (em aço)	**браслет** (м)	[braslét]
bracelete (em couro)	**ремешок** (м)	[remeʃók]
pilha (f)	**батарейка** (ж)	[bataréjka]
acabar (vi)	**сесть** (св, нпх)	[séstʲ]
trocar a pilha	**поменять батарейку**	[pɔmenʲátʲ bataréjku]
estar adiantado	**спешить** (нсв, нпх)	[speʃítʲ]
estar atrasado	**отставать** (нсв, нпх)	[ɔt͡stavátʲ]
relógio (m) de parede	**настенные часы** (мн)	[nasténnɨe t͡ʃasɪ̄]
ampulheta (f)	**песочные часы** (мн)	[pesót͡ʃnɨe t͡ʃasɪ̄]
relógio (m) de sol	**солнечные часы** (мн)	[sólnet͡ʃnɨe t͡ʃasɪ̄]
despertador (m)	**будильник** (м)	[budílʲnik]
relojoeiro (m)	**часовщик** (м)	[t͡ʃasɔfʃʲík]
reparar (vt)	**ремонтировать** (нсв, пх)	[remɔntírɔvatʲ]

EXPERIÊNCIA DO QUOTIDIANO

41. Dinheiro

dinheiro (m)	**деньги** (мн)	[dénʲgi]
câmbio (m)	**обмен** (м)	[ɔbmén]
taxa (f) de câmbio	**курс** (м)	[kúrs]
caixa (m) eletrônico	**банкомат** (м)	[bankɔmát]
moeda (f)	**монета** (ж)	[mɔnéta]
dólar (m)	**доллар** (м)	[dólar]
euro (m)	**евро** (с)	[évrɔ]
lira (f)	**лира** (ж)	[líra]
marco (m)	**марка** (ж)	[márka]
franco (m)	**франк** (м)	[fránk]
libra (f) esterlina	**фунт стерлингов** (м)	[fúnt stérlingɔf]
iene (m)	**йена** (ж)	[jéna]
dívida (f)	**долг** (м)	[dólg]
devedor (m)	**должник** (м)	[dɔlʒník]
emprestar (vt)	**дать в долг**	[dátʲ v dólg]
pedir emprestado	**взять в долг**	[vzʲátʲ v dólg]
banco (m)	**банк** (м)	[bánk]
conta (f)	**счёт** (м)	[ʃøt]
depositar (vt)	**положить** (св, пх)	[pɔlɔʒītʲ]
depositar na conta	**положить на счёт**	[pɔlɔʒītʲ na ʃøt]
sacar (vt)	**снять со счёта**	[snʲátʲ sɔ ʃøta]
cartão (m) de crédito	**кредитная карта** (ж)	[kredítnaja kárta]
dinheiro (m) vivo	**наличные деньги** (мн)	[nalíʧnɨe dénʲgi]
cheque (m)	**чек** (м)	[ʧék]
passar um cheque	**выписать чек**	[vīpisatʲ ʧék]
talão (m) de cheques	**чековая книжка** (ж)	[ʧékɔvaja kníʃka]
carteira (f)	**бумажник** (м)	[bumáʒnik]
niqueleira (f)	**кошелёк** (м)	[kɔʃɛløk]
cofre (m)	**сейф** (м)	[séjf]
herdeiro (m)	**наследник** (м)	[naslédnik]
herança (f)	**наследство** (с)	[naslétstvɔ]
fortuna (riqueza)	**состояние** (с)	[sɔstɔjánie]
arrendamento (m)	**аренда** (ж)	[arénda]
aluguel (pagar o ~)	**квартирная плата** (ж)	[kvartírnaja pláta]
alugar (vt)	**снимать** (нсв, пх)	[snimátʲ]
preço (m)	**цена** (ж)	[ʦɛná]
custo (m)	**стоимость** (ж)	[stóimɔstʲ]

soma (f)	**сумма** (ж)	[súmma]
gastar (vt)	**тратить** (нсв, пх)	[trátitʲ]
gastos (m pl)	**расходы** (мн)	[rasxódɨ]
economizar (vi)	**экономить** (нсв, н/пх)	[ɛkɔnómitʲ]
econômico (adj)	**экономный**	[ɛkɔnómnɨj]
pagar (vt)	**платить** (нсв, н/пх)	[platítʲ]
pagamento (m)	**оплата** (ж)	[ɔpláta]
troco (m)	**сдача** (ж)	[zdáʧa]
imposto (m)	**налог** (м)	[nalóg]
multa (f)	**штраф** (м)	[ʃtráf]
multar (vt)	**штрафовать** (нсв, пх)	[ʃtrafɔvátʲ]

42. Correios. Serviço postal

agência (f) dos correios	**почта** (ж)	[póʧta]
correio (m)	**почта** (ж)	[póʧta]
carteiro (m)	**почтальон** (м)	[pɔʧtaljón]
horário (m)	**часы** (мн) **работы**	[ʧasī rabótɨ]
carta (f)	**письмо** (с)	[pisʲmó]
carta (f) registada	**заказное письмо** (с)	[zakaznóe pisʲmó]
cartão (m) postal	**открытка** (ж)	[ɔtkrītka]
telegrama (m)	**телеграмма** (ж)	[telegráma]
encomenda (f)	**посылка** (ж)	[pɔsīlka]
transferência (f) de dinheiro	**денежный перевод** (м)	[dénеʒnɨj perevód]
receber (vt)	**получить** (св, пх)	[pɔluʧítʲ]
enviar (vt)	**отправить** (св, пх)	[ɔtprávitʲ]
envio (m)	**отправка** (ж)	[ɔtpráfka]
endereço (m)	**адрес** (м)	[ádres]
código (m) postal	**индекс** (м)	[índɛks]
remetente (m)	**отправитель** (м)	[ɔtpravítelʲ]
destinatário (m)	**получатель** (м)	[pɔluʧátelʲ]
nome (m)	**имя** (с)	[ímʲa]
sobrenome (m)	**фамилия** (ж)	[família]
tarifa (f)	**тариф** (м)	[taríf]
ordinário (adj)	**обычный**	[ɔbīʧnɨj]
econômico (adj)	**экономичный**	[ɛkɔnɔmíʧnɨj]
peso (m)	**вес** (м)	[vés]
pesar (estabelecer o peso)	**взвешивать** (нсв, пх)	[vzvéʃɨvatʲ]
envelope (m)	**конверт** (м)	[kɔnvért]
selo (m) postal	**марка** (ж)	[márka]
colar o selo	**наклеивать марку**	[nakléivatʲ márku]

43. Banca

banco (m)	**банк** (м)	[bánk]
balcão (f)	**отделение** (с)	[ɔtdelénie]

consultor (m) bancário	**консультант** (м)	[kɔnsulʲtánt]
gerente (m)	**управляющий** (м)	[upravlʲájuʃʲij]
conta (f)	**счёт** (м)	[ʃøt]
número (m) da conta	**номер** (м) **счёта**	[nómer ʃøta]
conta (f) corrente	**текущий счёт** (м)	[tekúʃʲij ʃøt]
conta (f) poupança	**накопительный счёт** (м)	[nakɔpítelʲnɨj ʃøt]
abrir uma conta	**открыть счёт**	[ɔtkrītʲ ʃøt]
fechar uma conta	**закрыть счёт**	[zakrītʲ ʃøt]
depositar na conta	**положить на счёт**	[pɔlɔʒītʲ na ʃøt]
sacar (vt)	**снять со счёта**	[snʲátʲ sɔ ʃøta]
depósito (m)	**вклад** (м)	[fklád]
fazer um depósito	**сделать вклад**	[zdélatʲ fklád]
transferência (f) bancária	**перевод** (м)	[perevód]
transferir (vt)	**сделать перевод**	[zdélatʲ perevód]
soma (f)	**сумма** (ж)	[súmma]
Quanto?	**Сколько?**	[skólʲkɔ?]
assinatura (f)	**подпись** (ж)	[pótpisʲ]
assinar (vt)	**подписать** (св, пх)	[pɔtpisátʲ]
cartão (m) de crédito	**кредитная карта** (ж)	[kredítnaja kárta]
senha (f)	**код** (м)	[kód]
número (m) do cartão de crédito	**номер** (м) **кредитной карты**	[nómer kredítnɔj kártɨ]
caixa (m) eletrônico	**банкомат** (м)	[bankɔmát]
cheque (m)	**чек** (м)	[ʧék]
passar um cheque	**выписать чек**	[vīpisatʲ ʧék]
talão (m) de cheques	**чековая книжка** (ж)	[ʧékɔvaja kníʃka]
empréstimo (m)	**кредит** (м)	[kredít]
pedir um empréstimo	**обращаться за кредитом**	[ɔbraʃʲáʦa za kredítɔm]
obter empréstimo	**брать кредит**	[brátʲ kredít]
dar um empréstimo	**предоставлять кредит**	[predɔstavlʲátʲ kredít]
garantia (f)	**гарантия** (ж)	[garántija]

44. Telefone. Conversação telefônica

telefone (m)	**телефон** (м)	[telefón]
celular (m)	**мобильный телефон** (м)	[mɔbílʲnɨj telefón]
secretária (f) eletrônica	**автоответчик** (м)	[áftɔ·ɔtvétʧik]
fazer uma chamada	**звонить** (нсв, н/пх)	[zvɔnítʲ]
chamada (f)	**звонок** (м)	[zvɔnók]
discar um número	**набрать номер**	[nabrátʲ nómer]
Alô!	**Алло!**	[alø]
perguntar (vt)	**спросить** (св, пх)	[sprɔsítʲ]
responder (vt)	**ответить** (св, пх)	[ɔtvétitʲ]
ouvir (vt)	**слышать** (нсв, пх)	[slīʃatʲ]

bem	**хорошо**	[hɔrɔʃó]
mal	**плохо**	[plóhɔ]
ruído (m)	**помехи** (ж мн)	[pɔméhi]
fone (m)	**трубка** (ж)	[trúpka]
pegar o telefone	**снять трубку**	[snʲátʲ trúpku]
desligar (vi)	**положить трубку**	[pɔlɔʒɪ̄tʲ trúpku]
ocupado (adj)	**занятый**	[zánɪtɨj]
tocar (vi)	**звонить** (нсв, нпх)	[zvɔnítʲ]
lista (f) telefônica	**телефонная книга** (ж)	[telefónnaja kníga]
local (adj)	**местный**	[mésnɨj]
chamada (f) local	**местный звонок** (м)	[mésnɨj zvɔnók]
de longa distância	**междугородний**	[meʒdugɔródnij]
chamada (f) de longa distância	**междугородний звонок** (м)	[meʒdugɔródnij zvɔnók]
internacional (adj)	**международный**	[meʒdunaródnɨj]
chamada (f) internacional	**международный звонок**	[meʒdunaródnɨj zvɔnók]

45. Telefone móvel

celular (m)	**мобильный телефон** (м)	[mɔbílʲnɨj telefón]
tela (f)	**дисплей** (м)	[displǽj]
botão (m)	**кнопка** (ж)	[knópka]
cartão SIM (m)	**SIM-карта** (ж)	[sim-kárta]
bateria (f)	**батарея** (ж)	[bataréja]
descarregar-se (vr)	**разрядиться** (св, возв)	[razrɪdítsa]
carregador (m)	**зарядное устройство** (с)	[zarʲádnɔe ustrójstvɔ]
menu (m)	**меню** (с)	[menʲú]
configurações (f pl)	**настройки** (ж мн)	[nastrójki]
melodia (f)	**мелодия** (ж)	[melódija]
escolher (vt)	**выбрать** (св, пх)	[vɪ̄bratʲ]
calculadora (f)	**калькулятор** (м)	[kalʲkulʲátɔr]
correio (m) de voz	**голосовая почта** (ж)	[gɔlɔsɔvája pótʃta]
despertador (m)	**будильник** (м)	[budílʲnik]
contatos (m pl)	**телефонная книга** (ж)	[telefónnaja kníga]
mensagem (f) de texto	**SMS-сообщение** (с)	[ɛs·ɛm·ǽs-sɔɔpʃénie]
assinante (m)	**абонент** (м)	[abɔnént]

46. Estacionário

caneta (f)	**шариковая ручка** (ж)	[ʃárikɔvaja rútʃka]
caneta (f) tinteiro	**перьевая ручка** (ж)	[perjevája rútʃka]
lápis (m)	**карандаш** (м)	[karandáʃ]
marcador (m) de texto	**маркер** (м)	[márker]
caneta (f) hidrográfica	**фломастер** (м)	[flɔmáster]

bloco (m) de notas	**блокнот** (м)	[blɔknót]
agenda (f)	**ежедневник** (м)	[eʒednévnik]
régua (f)	**линейка** (ж)	[linéjka]
calculadora (f)	**калькулятор** (м)	[kalʲkulʲátɔr]
borracha (f)	**ластик** (м)	[lástik]
alfinete (m)	**кнопка** (ж)	[knópka]
clipe (m)	**скрепка** (ж)	[skrépka]
cola (f)	**клей** (м)	[kléj]
grampeador (m)	**степлер** (м)	[stǽpler]
furador (m) de papel	**дырокол** (м)	[dɨrɔkól]
apontador (m)	**точилка** (ж)	[tɔʧílka]

47. Línguas estrangeiras

língua (f)	**язык** (м)	[jɪzīk]
estrangeiro (adj)	**иностранный**	[inɔstránnɨj]
língua (f) estrangeira	**иностранный язык** (м)	[inɔstránnɨj jɪzīk]
estudar (vt)	**изучать** (нсв, пх)	[izuʧátʲ]
aprender (vt)	**учить** (нсв, пх)	[uʧítʲ]
ler (vt)	**читать** (нсв, н/пх)	[ʧitátʲ]
falar (vi)	**говорить** (нсв, н/пх)	[gɔvɔrítʲ]
entender (vt)	**понимать** (нсв, пх)	[pɔnimátʲ]
escrever (vt)	**писать** (нсв, пх)	[pisátʲ]
rapidamente	**быстро**	[bīstrɔ]
devagar, lentamente	**медленно**	[médlenɔ]
fluentemente	**свободно**	[svɔbódnɔ]
regras (f pl)	**правила** (с мн)	[právila]
gramática (f)	**грамматика** (ж)	[gramátika]
vocabulário (m)	**лексика** (ж)	[léksika]
fonética (f)	**фонетика** (ж)	[fɔnǽtika]
livro (m) didático	**учебник** (м)	[uʧébnik]
dicionário (m)	**словарь** (м)	[slɔvárʲ]
manual (m) autodidático	**самоучитель** (м)	[samɔuʧítelʲ]
guia (m) de conversação	**разговорник** (м)	[razgɔvórnik]
fita (f) cassete	**кассета** (ж)	[kaséta]
videoteipe (m)	**видеокассета** (ж)	[vídeɔ·kaséta]
CD (m)	**компакт-диск** (м)	[kɔmpákt-dísk]
DVD (m)	**DVD-диск** (м)	[di·vi·dí dísk]
alfabeto (m)	**алфавит** (м)	[alfavít]
soletrar (vt)	**говорить по буквам**	[gɔvɔrítʲ pɔ búkvam]
pronúncia (f)	**произношение** (с)	[prɔiznɔʃǽnie]
sotaque (m)	**акцент** (м)	[aktsǽnt]
com sotaque	**с акцентом**	[s aktsǽntɔm]
sem sotaque	**без акцента**	[bez aktsǽnta]
palavra (f)	**слово** (с)	[slóvɔ]

sentido (m)	**смысл** (м)	[smīsl]
curso (m)	**курсы** (мн)	[kúrsɨ]
inscrever-se (vr)	**записаться** (св, возв)	[zapisátsa]
professor (m)	**преподаватель** (м)	[prepɔdavátelʲ]
tradução (processo)	**перевод** (м)	[perevód]
tradução (texto)	**перевод** (м)	[perevód]
tradutor (m)	**переводчик** (м)	[perevóttʃik]
intérprete (m)	**переводчик** (м)	[perevóttʃik]
poliglota (m)	**полиглот** (м)	[pɔliglót]
memória (f)	**память** (ж)	[pámɪtʲ]

REFEIÇÕES. RESTAURANTE

48. Por a mesa

colher (f)	**ложка** (ж)	[lóʃka]
faca (f)	**нож** (м)	[nóʃ]
garfo (m)	**вилка** (ж)	[vílka]
xícara (f)	**чашка** (ж)	[ʧáʃka]
prato (m)	**тарелка** (ж)	[tarélka]
pires (m)	**блюдце** (с)	[blʲútse]
guardanapo (m)	**салфетка** (ж)	[salfétka]
palito (m)	**зубочистка** (ж)	[zubɔʧístka]

49. Restaurante

restaurante (m)	**ресторан** (м)	[restɔrán]
cafeteria (f)	**кофейня** (ж)	[kɔféjnʲa]
bar (m), cervejaria (f)	**бар** (м)	[bár]
salão (m) de chá	**чайный салон** (м)	[ʧájnɨj salón]
garçom (m)	**официант** (м)	[ɔfitsɨánt]
garçonete (f)	**официантка** (ж)	[ɔfitsɨántka]
barman (m)	**бармен** (м)	[bármɛn]
cardápio (m)	**меню** (с)	[menʲú]
lista (f) de vinhos	**карта** (ж) **вин**	[kárta vín]
reservar uma mesa	**забронировать столик**	[zabrɔnírɔvatʲ stólik]
prato (m)	**блюдо** (с)	[blʲúdɔ]
pedir (vt)	**заказать** (св, пх)	[zakazátʲ]
fazer o pedido	**сделать заказ**	[zdélatʲ zakás]
aperitivo (m)	**аперитив** (м)	[aperitíf]
entrada (f)	**закуска** (ж)	[zakúska]
sobremesa (f)	**десерт** (м)	[desért]
conta (f)	**счёт** (м)	[ʃøt]
pagar a conta	**оплатить счёт**	[ɔplatítʲ ʃøt]
dar o troco	**дать сдачу**	[dátʲ zdáʧʲu]
gorjeta (f)	**чаевые** (мн)	[ʧaevīe]

50. Refeições

comida (f)	**еда** (ж)	[edá]
comer (vt)	**есть** (нсв, н/пх)	[éstʲ]

café (m) da manhã	**завтрак** (м)	[záftrak]
tomar café da manhã	**завтракать** (нсв, нпх)	[záftrakatʲ]
almoço (m)	**обед** (м)	[ɔbéd]
almoçar (vi)	**обедать** (нсв, нпх)	[ɔbédatʲ]
jantar (m)	**ужин** (м)	[úʒɨn]
jantar (vi)	**ужинать** (нсв, нпх)	[úʒɨnatʲ]
apetite (m)	**аппетит** (м)	[apetít]
Bom apetite!	**Приятного аппетита!**	[prijátnɔvɔ apetíta]
abrir (~ uma lata, etc.)	**открывать** (нсв, пх)	[ɔtkrɨvátʲ]
derramar (~ líquido)	**пролить** (св, пх)	[prɔlítʲ]
derramar-se (vr)	**пролиться** (св, возв)	[prɔlítsa]
ferver (vi)	**кипеть** (нсв, нпх)	[kipétʲ]
ferver (vt)	**кипятить** (нсв, пх)	[kipɪtítʲ]
fervido (adj)	**кипячёный**	[kipɪtʃónɨj]
esfriar (vt)	**охладить** (св, пх)	[ɔhladítʲ]
esfriar-se (vr)	**охлаждаться** (нсв, возв)	[ɔhlaʒdátsa]
sabor, gosto (m)	**вкус** (м)	[fkús]
fim (m) de boca	**привкус** (м)	[prífkus]
emagrecer (vi)	**худеть** (нсв, нпх)	[hudétʲ]
dieta (f)	**диета** (ж)	[diéta]
vitamina (f)	**витамин** (м)	[vitamín]
caloria (f)	**калория** (ж)	[kalórija]
vegetariano (m)	**вегетарианец** (м)	[vegetariánets]
vegetariano (adj)	**вегетарианский**	[vegetariánskij]
gorduras (f pl)	**жиры** (мн)	[ʒɨrí]
proteínas (f pl)	**белки** (мн)	[belkí]
carboidratos (m pl)	**углеводы** (мн)	[uglevódɨ]
fatia (~ de limão, etc.)	**ломтик** (м)	[lómtik]
pedaço (~ de bolo)	**кусок** (м)	[kusók]
migalha (f), farelo (m)	**крошка** (ж)	[króʃka]

51. Pratos cozinhados

prato (m)	**блюдо** (с)	[blʲúdɔ]
cozinha (~ portuguesa)	**кухня** (ж)	[kúhnʲa]
receita (f)	**рецепт** (м)	[retsǽpt]
porção (f)	**порция** (ж)	[pórtsɨja]
salada (f)	**салат** (м)	[salát]
sopa (f)	**суп** (м)	[súp]
caldo (m)	**бульон** (м)	[buljón]
sanduíche (m)	**бутерброд** (м)	[buterbród]
ovos (m pl) fritos	**яичница** (ж)	[iíʃnitsa]
hambúrguer (m)	**гамбургер** (м)	[gámburger]
bife (m)	**бифштекс** (м)	[bifʃtǽks]
acompanhamento (m)	**гарнир** (м)	[garnír]

espaguete (m)	**спагетти** (мн)	[spagéti]
purê (m) de batata	**картофельное пюре** (с)	[kartófelʲnɔe pʲuré]
pizza (f)	**пицца** (ж)	[pít͡sa]
mingau (m)	**каша** (ж)	[káʃa]
omelete (f)	**омлет** (м)	[ɔmlét]
fervido (adj)	**варёный**	[varønɨj]
defumado (adj)	**копчёный**	[kɔpt͡ʃónɨj]
frito (adj)	**жареный**	[ʒárenɨj]
seco (adj)	**сушёный**	[suʃónɨj]
congelado (adj)	**замороженный**	[zamɔróʒenɨj]
em conserva (adj)	**маринованный**	[marinóvanɨj]
doce (adj)	**сладкий**	[slátkij]
salgado (adj)	**солёный**	[sɔlønɨj]
frio (adj)	**холодный**	[hɔlódnɨj]
quente (adj)	**горячий**	[gɔrʲát͡ʃij]
amargo (adj)	**горький**	[górʲkij]
gostoso (adj)	**вкусный**	[fkúsnɨj]
cozinhar em água fervente	**варить** (нсв, пх)	[varítʲ]
preparar (vt)	**готовить** (нсв, пх)	[gɔtóvitʲ]
fritar (vt)	**жарить** (нсв, пх)	[ʒáritʲ]
aquecer (vt)	**разогревать** (нсв, пх)	[razɔgrevátʲ]
salgar (vt)	**солить** (нсв, пх)	[sɔlítʲ]
apimentar (vt)	**перчить** (нсв, пх)	[pért͡ʃitʲ], [pert͡ʃítʲ]
ralar (vt)	**тереть** (нсв, пх)	[terétʲ]
casca (f)	**кожура** (ж)	[kɔʒurá]
descascar (vt)	**чистить** (нсв, пх)	[t͡ʃístitʲ]

52. Comida

carne (f)	**мясо** (с)	[mʲásɔ]
galinha (f)	**курица** (ж)	[kúrit͡sa]
frango (m)	**цыплёнок** (м)	[t͡sɨplønɔk]
pato (m)	**утка** (ж)	[útka]
ganso (m)	**гусь** (м)	[gúsʲ]
caça (f)	**дичь** (ж)	[dít͡ʃʲ]
peru (m)	**индейка** (ж)	[indéjka]
carne (f) de porco	**свинина** (ж)	[svinína]
carne (f) de vitela	**телятина** (ж)	[telʲátina]
carne (f) de carneiro	**баранина** (ж)	[baránina]
carne (f) de vaca	**говядина** (ж)	[gɔvʲádina]
carne (f) de coelho	**кролик** (м)	[królik]
linguiça (f), salsichão (m)	**колбаса** (ж)	[kɔlbasá]
salsicha (f)	**сосиска** (ж)	[sɔsíska]
bacon (m)	**бекон** (м)	[bekón]
presunto (m)	**ветчина** (ж)	[vett͡ʃiná]
pernil (m) de porco	**окорок** (м)	[ókɔrɔk]
patê (m)	**паштет** (м)	[paʃtét]
fígado (m)	**печень** (ж)	[pét͡ʃenʲ]

guisado (m)	**фарш** (м)	[fárʃ]
língua (f)	**язык** (м)	[jɪzīk]
ovo (m)	**яйцо** (с)	[jɪjt͡só]
ovos (m pl)	**яйца** (мн)	[jájt͡sa]
clara (f) de ovo	**белок** (м)	[belók]
gema (f) de ovo	**желток** (м)	[ʒeltók]
peixe (m)	**рыба** (ж)	[rība]
mariscos (m pl)	**морепродукты** (мн)	[mɔre·prɔdúktɨ]
crustáceos (m pl)	**ракообразные** (мн)	[rakɔɔbráznɨe]
caviar (m)	**икра** (ж)	[ikrá]
caranguejo (m)	**краб** (м)	[kráb]
camarão (m)	**креветка** (ж)	[krevétka]
ostra (f)	**устрица** (ж)	[ústrit͡sa]
lagosta (f)	**лангуст** (м)	[langúst]
polvo (m)	**осьминог** (м)	[ɔsʲminóg]
lula (f)	**кальмар** (м)	[kalʲmár]
esturjão (m)	**осетрина** (ж)	[ɔsetrína]
salmão (m)	**лосось** (м)	[lɔsósʲ]
halibute (m)	**палтус** (м)	[páltus]
bacalhau (m)	**треска** (ж)	[treská]
cavala, sarda (f)	**скумбрия** (ж)	[skúmbrija]
atum (m)	**тунец** (м)	[tunét͡s]
enguia (f)	**угорь** (м)	[úgɔrʲ]
truta (f)	**форель** (ж)	[fɔrǽlʲ]
sardinha (f)	**сардина** (ж)	[sardína]
lúcio (m)	**щука** (ж)	[ʃʲúka]
arenque (m)	**сельдь** (ж)	[sélʲtʲ]
pão (m)	**хлеб** (м)	[hléb]
queijo (m)	**сыр** (м)	[sīr]
açúcar (m)	**сахар** (м)	[sáhar]
sal (m)	**соль** (ж)	[sólʲ]
arroz (m)	**рис** (м)	[rís]
massas (f pl)	**макароны** (мн)	[makarónɨ]
talharim, miojo (m)	**лапша** (ж)	[lapʃá]
manteiga (f)	**сливочное масло** (с)	[slívɔt͡ʃnɔe máslɔ]
óleo (m) vegetal	**растительное масло** (с)	[rastítelʲnɔe máslɔ]
óleo (m) de girassol	**подсолнечное масло** (с)	[pɔtsólnet͡ʃnɔe máslɔ]
margarina (f)	**маргарин** (м)	[margarín]
azeitonas (f pl)	**оливки** (мн)	[ɔlífki]
azeite (m)	**оливковое масло** (с)	[ɔlífkɔvɔe máslɔ]
leite (m)	**молоко** (с)	[mɔlɔkó]
leite (m) condensado	**сгущённое молоко** (с)	[sguʃʲǿnɔe mɔlɔkó]
iogurte (m)	**йогурт** (м)	[jógurt]
creme (m) azedo	**сметана** (ж)	[smetána]
creme (m) de leite	**сливки** (мн)	[slífki]

maionese (f)	**майонез** (м)	[majinǽs]
creme (m)	**крем** (м)	[krém]
grãos (m pl) de cereais	**крупа** (ж)	[krupá]
farinha (f)	**мука** (ж)	[muká]
enlatados (m pl)	**консервы** (мн)	[kɔnsérvɨ]
flocos (m pl) de milho	**кукурузные хлопья** (мн)	[kukurúznɨe hlópja]
mel (m)	**мёд** (м)	[mød]
geleia (m)	**джем, конфитюр** (м)	[dʒǽm], [kɔnfitʲúr]
chiclete (m)	**жевательная резинка** (м)	[ʒevátelʲnaja rezínka]

53. Bebidas

água (f)	**вода** (ж)	[vɔdá]
água (f) potável	**питьевая вода** (ж)	[pitjevája vɔdá]
água (f) mineral	**минеральная вода** (ж)	[minerálʲnaja vɔdá]
sem gás (adj)	**без газа**	[bez gáza]
gaseificada (adj)	**газированная**	[gaziróvanaja]
com gás	**с газом**	[s gázɔm]
gelo (m)	**лёд** (м)	[lød]
com gelo	**со льдом**	[sɔ lʲdóm]
não alcoólico (adj)	**безалкогольный**	[bezalkɔgólʲnɨj]
refrigerante (m)	**безалкогольный напиток** (м)	[bezalkɔgólʲnɨj napítɔk]
refresco (m)	**прохладительный напиток** (м)	[prɔhladítelʲnɨj napítɔk]
limonada (f)	**лимонад** (м)	[limɔnád]
bebidas (f pl) alcoólicas	**алкогольные напитки** (мн)	[alkɔgólʲnɨe napítki]
vinho (m)	**вино** (с)	[vinó]
vinho (m) branco	**белое вино** (с)	[bélɔe vinó]
vinho (m) tinto	**красное вино** (с)	[krásnɔe vinó]
licor (m)	**ликёр** (м)	[likør]
champanhe (m)	**шампанское** (с)	[ʃampánskɔe]
vermute (m)	**вермут** (м)	[vérmut]
uísque (m)	**виски** (с)	[víski]
vodca (f)	**водка** (ж)	[vótka]
gim (m)	**джин** (м)	[dʒīn]
conhaque (m)	**коньяк** (м)	[kɔnják]
rum (m)	**ром** (м)	[róm]
café (m)	**кофе** (м)	[kófe]
café (m) preto	**чёрный кофе** (м)	[ʧórnɨj kófe]
café (m) com leite	**кофе** (м) **с молоком**	[kófe s mɔlɔkóm]
cappuccino (m)	**кофе** (м) **со сливками**	[kófe sɔ slífkami]
café (m) solúvel	**растворимый кофе** (м)	[rastvɔrímɨj kófe]
leite (m)	**молоко** (с)	[mɔlɔkó]
coquetel (m)	**коктейль** (м)	[kɔktǽjlʲ]

batida (f), milkshake (m)	**молочный коктейль** (м)	[mɔlótʃnɨj kɔktæjlʲ]
suco (m)	**сок** (м)	[sók]
suco (m) de tomate	**томатный сок** (м)	[tɔmátnɨj sók]
suco (m) de laranja	**апельсиновый сок** (м)	[apelʲsínɔvɨj sók]
suco (m) fresco	**свежевыжатый сок** (м)	[sveʒe·vɨ̄ʒatɨj sók]
cerveja (f)	**пиво** (с)	[pívɔ]
cerveja (f) clara	**светлое пиво** (с)	[svétlɔe pívɔ]
cerveja (f) preta	**тёмное пиво** (с)	[tømnɔe pívɔ]
chá (m)	**чай** (м)	[tʃáj]
chá (m) preto	**чёрный чай** (м)	[tʃórnɨj tʃáj]
chá (m) verde	**зелёный чай** (м)	[zelønɨj tʃáj]

54. Vegetais

vegetais (m pl)	**овощи** (м мн)	[óvɔʃʲi]
verdura (f)	**зелень** (ж)	[zélenʲ]
tomate (m)	**помидор** (м)	[pɔmidór]
pepino (m)	**огурец** (м)	[ɔgurétṡ]
cenoura (f)	**морковь** (ж)	[mɔrkófʲ]
batata (f)	**картофель** (м)	[kartófelʲ]
cebola (f)	**лук** (м)	[lúk]
alho (m)	**чеснок** (м)	[tʃesnók]
couve (f)	**капуста** (ж)	[kapústa]
couve-flor (f)	**цветная капуста** (ж)	[ṫsvetnája kapústa]
couve-de-bruxelas (f)	**брюссельская капуста** (ж)	[brʲusélʲskaja kapústa]
brócolis (m pl)	**капуста брокколи** (ж)	[kapústa brókɔli]
beterraba (f)	**свёкла** (ж)	[svøkla]
berinjela (f)	**баклажан** (м)	[baklaʒán]
abobrinha (f)	**кабачок** (м)	[kabatʃók]
abóbora (f)	**тыква** (ж)	[tɨ̄kva]
nabo (m)	**репа** (ж)	[répa]
salsa (f)	**петрушка** (ж)	[petrúʃka]
endro, aneto (m)	**укроп** (м)	[ukróp]
alface (f)	**салат** (м)	[salát]
aipo (m)	**сельдерей** (м)	[selʲderéj]
aspargo (m)	**спаржа** (ж)	[spárʒa]
espinafre (m)	**шпинат** (м)	[ʃpinát]
ervilha (f)	**горох** (м)	[gɔróh]
feijão (~ soja, etc.)	**бобы** (мн)	[bɔbɨ̄]
milho (m)	**кукуруза** (ж)	[kukurúza]
feijão (m) roxo	**фасоль** (ж)	[fasólʲ]
pimentão (m)	**перец** (м)	[pérets]
rabanete (m)	**редис** (м)	[redís]
alcachofra (f)	**артишок** (м)	[artiʃók]

55. Frutos. Nozes

fruta (f)	**фрукт** (м)	[frúkt]
maçã (f)	**яблоко** (с)	[jáblɔkɔ]
pera (f)	**груша** (ж)	[grúʃa]
limão (m)	**лимон** (м)	[limón]
laranja (f)	**апельсин** (м)	[apelʲsín]
morango (m)	**клубника** (ж)	[klubníka]
tangerina (f)	**мандарин** (м)	[mandarín]
ameixa (f)	**слива** (ж)	[slíva]
pêssego (m)	**персик** (м)	[pérsik]
damasco (m)	**абрикос** (м)	[abrikós]
framboesa (f)	**малина** (ж)	[malína]
abacaxi (m)	**ананас** (м)	[ananás]
banana (f)	**банан** (м)	[banán]
melancia (f)	**арбуз** (м)	[arbús]
uva (f)	**виноград** (м)	[vinɔgrád]
ginja (f)	**вишня** (ж)	[víʃnʲa]
cereja (f)	**черешня** (ж)	[ʧeréʃnʲa]
melão (m)	**дыня** (ж)	[dīnʲa]
toranja (f)	**грейпфрут** (м)	[gréjpfrut]
abacate (m)	**авокадо** (с)	[avɔkádɔ]
mamão (m)	**папайя** (ж)	[papája]
manga (f)	**манго** (с)	[mángɔ]
romã (f)	**гранат** (м)	[granát]
groselha (f) vermelha	**красная смородина** (ж)	[krásnaja smɔródina]
groselha (f) negra	**чёрная смородина** (ж)	[ʧórnaja smɔródina]
groselha (f) espinhosa	**крыжовник** (м)	[krɨʒóvnik]
mirtilo (m)	**черника** (ж)	[ʧerníka]
amora (f) silvestre	**ежевика** (ж)	[eʒevíka]
passa (f)	**изюм** (м)	[izʲúm]
figo (m)	**инжир** (м)	[inʒīr]
tâmara (f)	**финик** (м)	[fínik]
amendoim (m)	**арахис** (м)	[aráhis]
amêndoa (f)	**миндаль** (м)	[mindálʲ]
noz (f)	**грецкий орех** (м)	[grétskij ɔréh]
avelã (f)	**лесной орех** (м)	[lesnój ɔréh]
coco (m)	**кокосовый орех** (м)	[kɔkósɔvɨj ɔréh]
pistaches (m pl)	**фисташки** (мн)	[fistáʃki]

56. Pão. Bolaria

pastelaria (f)	**кондитерские изделия** (мн)	[kɔndíterskie izdélija]
pão (m)	**хлеб** (м)	[hléb]
biscoito (m), bolacha (f)	**печенье** (с)	[peʧénje]
chocolate (m)	**шоколад** (м)	[ʃɔkɔlád]
de chocolate	**шоколадный**	[ʃɔkɔládnɨj]

bala (f)	**конфета** (ж)	[kɔnféta]
doce (bolo pequeno)	**пирожное** (с)	[piróʒnɔe]
bolo (m) de aniversário	**торт** (м)	[tórt]
torta (f)	**пирог** (м)	[piróg]
recheio (m)	**начинка** (ж)	[natʃínka]
geleia (m)	**варенье** (с)	[varénje]
marmelada (f)	**мармелад** (м)	[marmelád]
wafers (m pl)	**вафли** (мн)	[váfli]
sorvete (m)	**мороженое** (с)	[mɔróʒenɔe]
pudim (m)	**пудинг** (м)	[púding]

57. Especiarias

sal (m)	**соль** (ж)	[sólʲ]
salgado (adj)	**солёный**	[sɔløniј]
salgar (vt)	**солить** (нсв, пх)	[sɔlítʲ]
pimenta-do-reino (f)	**чёрный перец** (м)	[tʃórniј pérets]
pimenta (f) vermelha	**красный перец** (м)	[krásniј pérets]
mostarda (f)	**горчица** (ж)	[gɔrtʃítsa]
raiz-forte (f)	**хрен** (м)	[hrén]
condimento (m)	**приправа** (ж)	[pripráva]
especiaria (f)	**пряность** (ж)	[prʲánɔstʲ]
molho (~ inglês)	**соус** (м)	[sóus]
vinagre (m)	**уксус** (м)	[úksus]
anis estrelado (m)	**анис** (м)	[anís]
manjericão (m)	**базилик** (м)	[bazilík]
cravo (m)	**гвоздика** (ж)	[gvɔzdíka]
gengibre (m)	**имбирь** (м)	[imbírʲ]
coentro (m)	**кориандр** (м)	[kɔriándr]
canela (f)	**корица** (ж)	[kɔrítsa]
gergelim (m)	**кунжут** (м)	[kunʒút]
folha (f) de louro	**лавровый лист** (м)	[lavróviј líst]
páprica (f)	**паприка** (ж)	[páprika]
cominho (m)	**тмин** (м)	[tmín]
açafrão (m)	**шафран** (м)	[ʃafrán]

INFORMAÇÃO PESSOAL. FAMÍLIA

58. Informação pessoal. Formulários

nome (m)	**имя** (с)	[ímʲa]
sobrenome (m)	**фамилия** (ж)	[famílija]
data (f) de nascimento	**дата** (ж) **рождения**	[dáta rɔʒdénija]
local (m) de nascimento	**место** (с) **рождения**	[méstɔ rɔʒdénija]
nacionalidade (f)	**национальность** (ж)	[natsɨɔnálʲnɔstʲ]
lugar (m) de residência	**место** (с) **жительства**	[méstɔ ʒɨ́telʲstva]
país (m)	**страна** (ж)	[straná]
profissão (f)	**профессия** (ж)	[prɔfésija]
sexo (m)	**пол** (м)	[pól]
estatura (f)	**рост** (м)	[róst]
peso (m)	**вес** (м)	[vés]

59. Membros da família. Parentes

mãe (f)	**мать** (ж)	[mátʲ]
pai (m)	**отец** (м)	[ɔtéts]
filho (m)	**сын** (м)	[sɨ́n]
filha (f)	**дочь** (ж)	[dótʃʲ]
caçula (f)	**младшая дочь** (ж)	[mládʃaja dótʃʲ]
caçula (m)	**младший сын** (м)	[mládʃɨj sɨ́n]
filha (f) mais velha	**старшая дочь** (ж)	[stárʃaja dótʃʲ]
filho (m) mais velho	**старший сын** (м)	[stárʃɨj sɨ́n]
irmão (m)	**брат** (м)	[brát]
irmã (f)	**сестра** (ж)	[sestrá]
primo (m)	**двоюродный брат** (м)	[dvɔjúrɔdnɨj brát]
prima (f)	**двоюродная сестра** (ж)	[dvɔjúrɔdnaja sestrá]
mamãe (f)	**мама** (ж)	[máma]
papai (m)	**папа** (м)	[pápa]
pais (pl)	**родители** (мн)	[rɔdíteli]
criança (f)	**ребёнок** (м)	[rebønɔk]
crianças (f pl)	**дети** (мн)	[déti]
avó (f)	**бабушка** (ж)	[bábuʃka]
avô (m)	**дедушка** (м)	[déduʃka]
neto (m)	**внук** (м)	[vnúk]
neta (f)	**внучка** (ж)	[vnútʃka]
netos (pl)	**внуки** (мн)	[vnúki]
tio (m)	**дядя** (м)	[dʲádʲa]
tia (f)	**тётя** (ж)	[tøtʲa]

sobrinho (m)	**племянник** (м)	[plemʲánik]
sobrinha (f)	**племянница** (ж)	[plemʲánitsa]
sogra (f)	**тёща** (ж)	[tøʃʲa]
sogro (m)	**свёкор** (м)	[svøkɔr]
genro (m)	**зять** (м)	[zʲátʲ]
madrasta (f)	**мачеха** (ж)	[mátʃeha]
padrasto (m)	**отчим** (м)	[óttʃim]
criança (f) de colo	**грудной ребёнок** (м)	[grudnój rebønɔk]
bebê (m)	**младенец** (м)	[mladénets]
menino (m)	**малыш** (м)	[malīʃ]
mulher (f)	**жена** (ж)	[ʒená]
marido (m)	**муж** (м)	[múʃ]
esposo (m)	**супруг** (м)	[suprúg]
esposa (f)	**супруга** (ж)	[suprúga]
casado (adj)	**женатый**	[ʒenátɨj]
casada (adj)	**замужняя**	[zamúʒnʲaja]
solteiro (adj)	**холостой**	[hɔlɔstój]
solteirão (m)	**холостяк** (м)	[hɔlɔstʲák]
divorciado (adj)	**разведённый**	[razvedønnɨj]
viúva (f)	**вдова** (ж)	[vdɔvá]
viúvo (m)	**вдовец** (м)	[vdɔvéts]
parente (m)	**родственник** (м)	[rótstvenik]
parente (m) próximo	**близкий родственник** (м)	[blískij rótstvenik]
parente (m) distante	**дальний родственник** (м)	[dálʲnij rótstvenik]
parentes (m pl)	**родные** (мн)	[rɔdnīje]
órfão (m)	**сирота** (м)	[sirɔtá]
órfã (f)	**сирота** (ж)	[sirɔtá]
tutor (m)	**опекун** (м)	[ɔpekún]
adotar (um filho)	**усыновить** (св, пх)	[usɨnɔvítʲ]
adotar (uma filha)	**удочерить** (св, пх)	[udɔtʃerítʲ]

60. Amigos. Colegas de trabalho

amigo (m)	**друг** (м)	[drúg]
amiga (f)	**подруга** (ж)	[pɔdrúga]
amizade (f)	**дружба** (ж)	[drúʒba]
ser amigos	**дружить** (нсв, нпх)	[druʒītʲ]
amigo (m)	**приятель** (м)	[prijátelʲ]
amiga (f)	**приятельница** (ж)	[prijátelʲnitsa]
parceiro (m)	**партнёр** (м)	[partnør]
chefe (m)	**шеф** (м)	[ʃæf]
superior (m)	**начальник** (м)	[natʃálʲnik]
proprietário (m)	**владелец** (м)	[vladélets]
subordinado (m)	**подчинённый** (м)	[pɔttʃinønnɨj]
colega (m, f)	**коллега** (м)	[kɔléga]
conhecido (m)	**знакомый** (м)	[znakómɨj]

companheiro (m) de viagem	**попутчик** (м)	[pɔpúttʃik]
colega (m) de classe	**одноклассник** (м)	[ɔdnɔklásnik]
vizinho (m)	**сосед** (м)	[sɔséd]
vizinha (f)	**соседка** (ж)	[sɔsétka]
vizinhos (pl)	**соседи** (мн)	[sɔsédi]

CORPO HUMANO. MEDICINA

61. Cabeça

cabeça (f)	**голова** (ж)	[gɔlɔvá]
rosto, cara (f)	**лицо** (с)	[liʦó]
nariz (m)	**нос** (м)	[nós]
boca (f)	**рот** (м)	[rót]
olho (m)	**глаз** (м)	[glás]
olhos (m pl)	**глаза** (мн)	[glazá]
pupila (f)	**зрачок** (м)	[zraʧók]
sobrancelha (f)	**бровь** (ж)	[bróf^j]
cílio (f)	**ресница** (ж)	[resnítsa]
pálpebra (f)	**веко** (с)	[vékɔ]
língua (f)	**язык** (м)	[jɪzīk]
dente (m)	**зуб** (м)	[zúb]
lábios (m pl)	**губы** (мн)	[gúbɨ]
maçãs (f pl) do rosto	**скулы** (мн)	[skúlɨ]
gengiva (f)	**десна** (ж)	[desná]
palato (m)	**нёбо** (с)	[nøbɔ]
narinas (f pl)	**ноздри** (мн)	[nózdri]
queixo (m)	**подбородок** (м)	[pɔdbɔródɔk]
mandíbula (f)	**челюсть** (ж)	[ʧél^just^j]
bochecha (f)	**щека** (ж)	[ʃ^jeká]
testa (f)	**лоб** (м)	[lób]
têmpora (f)	**висок** (м)	[visók]
orelha (f)	**ухо** (с)	[úhɔ]
costas (f pl) da cabeça	**затылок** (м)	[zatīlɔk]
pescoço (m)	**шея** (ж)	[ʃæja]
garganta (f)	**горло** (с)	[górlɔ]
cabelo (m)	**волосы** (мн)	[vólɔsɨ]
penteado (m)	**причёска** (ж)	[priʧóska]
corte (m) de cabelo	**стрижка** (ж)	[stríʃka]
peruca (f)	**парик** (м)	[parík]
bigode (m)	**усы** (м мн)	[usī]
barba (f)	**борода** (ж)	[bɔrɔdá]
ter (~ barba, etc.)	**носить** (нсв, пх)	[nɔsít^j]
trança (f)	**коса** (ж)	[kɔsá]
suíças (f pl)	**бакенбарды** (мн)	[bakenbárdɨ]
ruivo (adj)	**рыжий**	[rīʒɨj]
grisalho (adj)	**седой**	[sedój]
careca (adj)	**лысый**	[līsɨj]
calva (f)	**лысина** (ж)	[līsina]

rabo-de-cavalo (m)	**хвост** (м)	[hvóst]
franja (f)	**чёлка** (ж)	[ʧólka]

62. Corpo humano

mão (f)	**кисть** (ж)	[kístʲ]
braço (m)	**рука** (ж)	[ruká]
dedo (m)	**палец** (м)	[pálets]
polegar (m)	**большой палец** (м)	[bɔlʲʃój pálets]
dedo (m) mindinho	**мизинец** (м)	[mizínets]
unha (f)	**ноготь** (м)	[nógɔtʲ]
punho (m)	**кулак** (м)	[kulák]
palma (f)	**ладонь** (ж)	[ladónʲ]
pulso (m)	**запястье** (с)	[zapʲástje]
antebraço (m)	**предплечье** (с)	[pretpléʧje]
cotovelo (m)	**локоть** (м)	[lókɔtʲ]
ombro (m)	**плечо** (с)	[pleʧó]
perna (f)	**нога** (ж)	[nɔgá]
pé (m)	**ступня** (ж)	[stupnʲá]
joelho (m)	**колено** (с)	[kɔlénɔ]
panturrilha (f)	**икра** (ж)	[ikrá]
quadril (m)	**бедро** (с)	[bedró]
calcanhar (m)	**пятка** (ж)	[pʲátka]
corpo (m)	**тело** (с)	[télɔ]
barriga (f), ventre (m)	**живот** (м)	[ʒɨvót]
peito (m)	**грудь** (ж)	[grútʲ]
seio (m)	**грудь** (ж)	[grútʲ]
lado (m)	**бок** (м)	[bók]
costas (dorso)	**спина** (ж)	[spiná]
região (f) lombar	**поясница** (ж)	[pɔjisnítsa]
cintura (f)	**талия** (ж)	[tálija]
umbigo (m)	**пупок** (м)	[pupók]
nádegas (f pl)	**ягодицы** (мн)	[jágɔditsɨ]
traseiro (m)	**зад** (м)	[zád]
sinal (m), pinta (f)	**родинка** (ж)	[ródinka]
sinal (m) de nascença	**родимое пятно** (с)	[rɔdímɔe pɪtnó]
tatuagem (f)	**татуировка** (ж)	[tatuirófka]
cicatriz (f)	**шрам** (м)	[ʃrám]

63. Doenças

doença (f)	**болезнь** (ж)	[bɔléznʲ]
estar doente	**болеть** (нсв, нпх)	[bɔlétʲ]
saúde (f)	**здоровье** (с)	[zdɔróvje]
nariz (m) escorrendo	**насморк** (м)	[násmɔrk]
amigdalite (f)	**ангина** (ж)	[angína]

resfriado (m)	**простуда** (ж)	[prɔstúda]
ficar resfriado	**простудиться** (св, возв)	[prɔstudíʦa]
bronquite (f)	**бронхит** (м)	[brɔnhít]
pneumonia (f)	**воспаление** (с) **лёгких**	[vɔspalénie løhkih]
gripe (f)	**грипп** (м)	[gríp]
míope (adj)	**близорукий**	[blizɔrúkij]
presbita (adj)	**дальнозоркий**	[dalʲnɔzórkij]
estrabismo (m)	**косоглазие** (с)	[kɔsɔglázie]
estrábico, vesgo (adj)	**косоглазый**	[kɔsɔgláziij]
catarata (f)	**катаракта** (ж)	[katarákta]
glaucoma (m)	**глаукома** (ж)	[glaukóma]
AVC (m), apoplexia (f)	**инсульт** (м)	[insúlʲt]
ataque (m) cardíaco	**инфаркт** (м)	[infárkt]
enfarte (m) do miocárdio	**инфаркт** (м) **миокарда**	[infárkt miɔkárda]
paralisia (f)	**паралич** (м)	[paralítʃ]
paralisar (vt)	**парализовать** (нсв, пх)	[paralizɔvátʲ]
alergia (f)	**аллергия** (ж)	[alergíja]
asma (f)	**астма** (ж)	[ástma]
diabetes (f)	**диабет** (м)	[diabét]
dor (f) de dente	**зубная боль** (ж)	[zubnája bólʲ]
cárie (f)	**кариес** (м)	[káries]
diarreia (f)	**диарея** (ж)	[diaréja]
prisão (f) de ventre	**запор** (м)	[zapór]
desarranjo (m) intestinal	**расстройство** (с) **желудка**	[rastrójstvɔ ʒelútka]
intoxicação (f) alimentar	**отравление** (с)	[ɔtravlénie]
intoxicar-se	**отравиться** (св, возв)	[ɔtravíʦa]
artrite (f)	**артрит** (м)	[artrít]
raquitismo (m)	**рахит** (м)	[rahít]
reumatismo (m)	**ревматизм** (м)	[revmatízm]
arteriosclerose (f)	**атеросклероз** (м)	[atɛrɔsklerós]
gastrite (f)	**гастрит** (м)	[gastrít]
apendicite (f)	**аппендицит** (м)	[apendiʦīt]
colecistite (f)	**холецистит** (м)	[hɔleʦistít]
úlcera (f)	**язва** (ж)	[jázva]
sarampo (m)	**корь** (ж)	[kórʲ]
rubéola (f)	**краснуха** (ж)	[krasnúha]
icterícia (f)	**желтуха** (ж)	[ʒeltúha]
hepatite (f)	**гепатит** (м)	[gepatít]
esquizofrenia (f)	**шизофрения** (ж)	[ʃizɔfreníja]
raiva (f)	**бешенство** (с)	[béʃɛnstvɔ]
neurose (f)	**невроз** (м)	[nevrós]
contusão (f) cerebral	**сотрясение** (с) **мозга**	[sɔtrısénie mózga]
câncer (m)	**рак** (м)	[rák]
esclerose (f)	**склероз** (м)	[sklerós]
esclerose (f) múltipla	**рассеянный склероз** (м)	[rasséınnij sklerós]

alcoolismo (m)	**алкоголизм** (м)	[alkɔgɔlízm]
alcoólico (m)	**алкоголик** (м)	[alkɔgólik]
sífilis (f)	**сифилис** (м)	[sífilis]
AIDS (f)	**СПИД** (м)	[spíd]
tumor (m)	**опухоль** (ж)	[ópuhɔlʲ]
maligno (adj)	**злокачественная**	[zlɔkátʃestvenaja]
benigno (adj)	**доброкачественная**	[dɔbrɔkátʃestvenaja]
febre (f)	**лихорадка** (ж)	[lihɔrátka]
malária (f)	**малярия** (ж)	[malʲríja]
gangrena (f)	**гангрена** (ж)	[gangréna]
enjoo (m)	**морская болезнь** (ж)	[mɔrskája bɔléznʲ]
epilepsia (f)	**эпилепсия** (ж)	[ɛpilépsija]
epidemia (f)	**эпидемия** (ж)	[ɛpidémija]
tifo (m)	**тиф** (м)	[tíf]
tuberculose (f)	**туберкулёз** (м)	[tuberkuløs]
cólera (f)	**холера** (ж)	[hɔléra]
peste (f) bubônica	**чума** (ж)	[tʃʲumá]

64. Sintomas. Tratamentos. Parte 1

sintoma (m)	**симптом** (м)	[simptóm]
temperatura (f)	**температура** (ж)	[temperatúra]
febre (f)	**высокая температура** (ж)	[visókaja temperatúra]
pulso (m)	**пульс** (м)	[púlʲs]
vertigem (f)	**головокружение** (с)	[gólɔvɔ·kruʒǽnie]
quente (testa, etc.)	**горячий**	[gɔrʲátʃij]
calafrio (m)	**озноб** (м)	[ɔznób]
pálido (adj)	**бледный**	[blédnij]
tosse (f)	**кашель** (м)	[káʃɛlʲ]
tossir (vi)	**кашлять** (нсв, нпх)	[káʃlɪtʲ]
espirrar (vi)	**чихать** (нсв, нпх)	[tʃihátʲ]
desmaio (m)	**обморок** (м)	[óbmɔrɔk]
desmaiar (vi)	**упасть в обморок**	[upástʲ v óbmɔrɔk]
mancha (f) preta	**синяк** (м)	[sinʲák]
galo (m)	**шишка** (ж)	[ʃíʃka]
machucar-se (vr)	**удариться** (св, возв)	[udáritsa]
contusão (f)	**ушиб** (м)	[uʃíb]
machucar-se (vr)	**ударить ...** (св, пх)	[udáritʲ ...]
mancar (vi)	**хромать** (нсв, нпх)	[hrɔmátʲ]
deslocamento (f)	**вывих** (м)	[vīvih]
deslocar (vt)	**вывихнуть** (св, пх)	[vīvihnutʲ]
fratura (f)	**перелом** (м)	[perelóm]
fraturar (vt)	**получить перелом**	[pɔlutʃítʲ perelóm]
corte (m)	**порез** (м)	[pɔrés]
cortar-se (vr)	**порезаться** (св, возв)	[pɔrézatsa]
hemorragia (f)	**кровотечение** (с)	[krɔvɔ·tetʃénie]

queimadura (f)	**ожог** (м)	[ɔʒóg]
queimar-se (vr)	**обжечься** (св, возв)	[ɔbʒǽtʃsʲa]
picar (vt)	**уколоть** (св, пх)	[ukɔlótʲ]
picar-se (vr)	**уколоться** (св, возв)	[ukɔlóʦa]
lesionar (vt)	**повредить** (св, пх)	[pɔvredítʲ]
lesão (m)	**повреждение** (с)	[pɔvreʒdénie]
ferida (f), ferimento (m)	**рана** (ж)	[rána]
trauma (m)	**травма** (ж)	[trávma]
delirar (vi)	**бредить** (нсв, нпх)	[bréditʲ]
gaguejar (vi)	**заикаться** (нсв, возв)	[zaikáʦa]
insolação (f)	**солнечный удар** (м)	[sólnetʃnɨj udár]

65. Sintomas. Tratamentos. Parte 2

dor (f)	**боль** (ж)	[bólʲ]
farpa (no dedo, etc.)	**заноза** (ж)	[zanóza]
suor (m)	**пот** (м)	[pót]
suar (vi)	**потеть** (нсв, нпх)	[pɔtétʲ]
vômito (m)	**рвота** (ж)	[rvóta]
convulsões (f pl)	**судороги** (ж мн)	[súdɔrɔgi]
grávida (adj)	**беременная**	[berémennaja]
nascer (vi)	**родиться** (св, возв)	[rɔdíʦa]
parto (m)	**роды** (мн)	[ródɨ]
dar à luz	**рожать** (нсв, пх)	[rɔʒátʲ]
aborto (m)	**аборт** (м)	[abórt]
respiração (f)	**дыхание** (с)	[dɨhánie]
inspiração (f)	**вдох** (м)	[vdóh]
expiração (f)	**выдох** (м)	[vɨ̄dɔh]
expirar (vi)	**выдохнуть** (св, пх)	[vɨ̄dɔhnutʲ]
inspirar (vi)	**вдыхать** (нсв, нпх)	[vdɨhátʲ]
inválido (m)	**инвалид** (м)	[invalíd]
aleijado (m)	**калека** (с)	[kaléka]
drogado (m)	**наркоман** (м)	[narkɔmán]
surdo (adj)	**глухой**	[gluhój]
mudo (adj)	**немой**	[nemój]
surdo-mudo (adj)	**глухонемой**	[gluhɔ·nemój]
louco, insano (adj)	**сумасшедший**	[sumaʃǽdʃɛj]
louco (m)	**сумасшедший** (м)	[sumaʃǽdʃɛj]
louca (f)	**сумасшедшая** (ж)	[sumaʃǽdʃaja]
ficar louco	**сойти с ума**	[sɔjtí s umá]
gene (m)	**ген** (м)	[gén]
imunidade (f)	**иммунитет** (м)	[imunitét]
hereditário (adj)	**наследственный**	[naslétstvenɨj]
congênito (adj)	**врождённый**	[vrɔʒdønɨj]
vírus (m)	**вирус** (м)	[vírus]

micróbio (m)	**микроб** (м)	[mikrób]
bactéria (f)	**бактерия** (ж)	[baktǽrija]
infecção (f)	**инфекция** (ж)	[infékʦɨja]

66. Sintomas. Tratamentos. Parte 3

hospital (m)	**больница** (ж)	[bɔlʲníʦa]
paciente (m)	**пациент** (м)	[paʦɨǽnt]
diagnóstico (m)	**диагноз** (м)	[diágnɔs]
cura (f)	**лечение** (с)	[leʧénie]
tratamento (m) médico	**лечение** (с)	[leʧénie]
curar-se (vr)	**лечиться** (нсв, возв)	[leʧíʦa]
tratar (vt)	**лечить** (нсв, пх)	[leʧítʲ]
cuidar (pessoa)	**ухаживать** (нсв, нпх)	[uháʒɨvatʲ]
cuidado (m)	**уход** (м)	[uhód]
operação (f)	**операция** (ж)	[ɔperáʦɨja]
enfaixar (vt)	**перевязать** (св, пх)	[perevɪzátʲ]
enfaixamento (m)	**перевязка** (ж)	[perevʲázka]
vacinação (f)	**прививка** (ж)	[privífka]
vacinar (vt)	**делать прививку**	[délatʲ privífku]
injeção (f)	**укол** (м)	[ukól]
dar uma injeção	**делать укол**	[délatʲ ukól]
amputação (f)	**ампутация** (ж)	[amputáʦɨja]
amputar (vt)	**ампутировать** (н/св, пх)	[amputírɔvatʲ]
coma (f)	**кома** (ж)	[kóma]
estar em coma	**быть в коме**	[bɨtʲ f kóme]
reanimação (f)	**реанимация** (ж)	[reanimáʦɨja]
recuperar-se (vr)	**выздоравливать** (нсв, нпх)	[vɨzdɔrávlivatʲ]
estado (~ de saúde)	**состояние** (с)	[sɔstɔjánie]
consciência (perder a ~)	**сознание** (с)	[sɔznánie]
memória (f)	**память** (ж)	[pámɪtʲ]
tirar (vt)	**удалять** (нсв, пх)	[udalʲátʲ]
obturação (f)	**пломба** (ж)	[plómba]
obturar (vt)	**пломбировать** (нсв, пх)	[plɔmbirɔvátʲ]
hipnose (f)	**гипноз** (м)	[gipnós]
hipnotizar (vt)	**гипнотизировать** (нсв, пх)	[gipnɔtizírɔvatʲ]

67. Medicina. Drogas. Acessórios

medicamento (m)	**лекарство** (с)	[lekárstvɔ]
remédio (m)	**средство** (с)	[srétstvɔ]
receitar (vt)	**прописать** (нсв, пх)	[prɔpisátʲ]
receita (f)	**рецепт** (м)	[reʦǽpt]
comprimido (m)	**таблетка** (ж)	[tablétka]
unguento (m)	**мазь** (ж)	[másʲ]

ampola (f)	**ампула** (ж)	[ámpula]
solução, preparado (m)	**микстура** (ж)	[mikstúra]
xarope (m)	**сироп** (м)	[siróp]
cápsula (f)	**пилюля** (ж)	[pilʲúlʲa]
pó (m)	**порошок** (м)	[pɔrɔʃók]
atadura (f)	**бинт** (м)	[bínt]
algodão (m)	**вата** (ж)	[váta]
iodo (m)	**йод** (м)	[jód]
curativo (m) adesivo	**лейкопластырь** (м)	[lejkɔplástɨrʲ]
conta-gotas (m)	**пипетка** (ж)	[pipétka]
termômetro (m)	**градусник** (м)	[grádusnik]
seringa (f)	**шприц** (м)	[ʃpríʦ]
cadeira (f) de rodas	**коляска** (ж)	[kɔlʲáska]
muletas (f pl)	**костыли** (м мн)	[kɔstɨlʲí]
analgésico (m)	**обезболивающее** (с)	[ɔbezbólivajuʃʲee]
laxante (m)	**слабительное** (с)	[slabítelʲnɔe]
álcool (m)	**спирт** (м)	[spírt]
ervas (f pl) medicinais	**трава** (ж)	[travá]
de ervas (chá ~)	**травяной**	[travɪnój]

APARTAMENTO

68. Apartamento

apartamento (m)	**квартира** (ж)	[kvartíra]
quarto, cômodo (m)	**комната** (ж)	[kómnata]
quarto (m) de dormir	**спальня** (ж)	[spálʲnʲa]
sala (f) de jantar	**столовая** (ж)	[stɔlóvaja]
sala (f) de estar	**гостиная** (ж)	[gɔstínaja]
escritório (m)	**кабинет** (м)	[kabinét]
sala (f) de entrada	**прихожая** (ж)	[prihóʒaja]
banheiro (m)	**ванная комната** (ж)	[vánnaja kómnata]
lavabo (m)	**туалет** (м)	[tualét]
teto (m)	**потолок** (м)	[pɔtɔlók]
chão, piso (m)	**пол** (м)	[pól]
canto (m)	**угол** (м)	[úgɔl]

69. Mobiliário. Interior

mobiliário (m)	**мебель** (ж)	[mébelʲ]
mesa (f)	**стол** (м)	[stól]
cadeira (f)	**стул** (м)	[stúl]
cama (f)	**кровать** (ж)	[krɔvátʲ]
sofá, divã (m)	**диван** (м)	[diván]
poltrona (f)	**кресло** (с)	[krésIɔ]
estante (f)	**книжный шкаф** (м)	[kníʒnɨj ʃkáf]
prateleira (f)	**полка** (ж)	[pólka]
guarda-roupas (m)	**гардероб** (м)	[garderób]
cabide (m) de parede	**вешалка** (ж)	[véʃəlka]
cabideiro (m) de pé	**вешалка** (ж)	[véʃəlka]
cômoda (f)	**комод** (м)	[kɔmód]
mesinha (f) de centro	**журнальный столик** (м)	[ʒurnálʲnɨj stólik]
espelho (m)	**зеркало** (с)	[zérkalɔ]
tapete (m)	**ковёр** (м)	[kɔvør]
tapete (m) pequeno	**коврик** (м)	[kóvrik]
lareira (f)	**камин** (м)	[kamín]
vela (f)	**свеча** (ж)	[svetʃá]
castiçal (m)	**подсвечник** (м)	[pɔtsvétʃnik]
cortinas (f pl)	**шторы** (ж мн)	[ʃtórɨ]
papel (m) de parede	**обои** (мн)	[ɔbói]

persianas (f pl)	**жалюзи** (мн)	[ʒalʲuzí]
luminária (f) de mesa	**настольная лампа** (ж)	[nastólʲnaja lámpa]
luminária (f) de parede	**светильник** (м)	[svetílʲnik]
abajur (m) de pé	**торшер** (м)	[tɔrʃǽr]
lustre (m)	**люстра** (ж)	[lʲústra]
pé (de mesa, etc.)	**ножка** (ж)	[nóʃka]
braço, descanso (m)	**подлокотник** (м)	[pɔdlɔkótnik]
costas (f pl)	**спинка** (ж)	[spínka]
gaveta (f)	**ящик** (м)	[jáʃʲik]

70. Quarto de dormir

roupa (f) de cama	**постельное бельё** (с)	[pɔstélʲnɔe beljǿ]
travesseiro (m)	**подушка** (ж)	[pɔdúʃka]
fronha (f)	**наволочка** (ж)	[návɔlɔʧka]
cobertor (m)	**одеяло** (с)	[ɔdejálɔ]
lençol (m)	**простыня** (ж)	[prɔstɨnʲá]
colcha (f)	**покрывало** (с)	[pɔkrɨválɔ]

71. Cozinha

cozinha (f)	**кухня** (ж)	[kúhnʲa]
gás (m)	**газ** (м)	[gás]
fogão (m) a gás	**газовая плита** (ж)	[gázɔvaja plitá]
fogão (m) elétrico	**электроплита** (ж)	[ɛléktrɔ·plitá]
forno (m)	**духовка** (ж)	[duhófka]
forno (m) de micro-ondas	**микроволновая печь** (ж)	[mikrɔ·vɔlnóvaja péʧʲ]
geladeira (f)	**холодильник** (м)	[hɔlɔdílʲnik]
congelador (m)	**морозильник** (м)	[mɔrɔzílʲnik]
máquina (f) de lavar louça	**посудомоечная машина** (ж)	[pɔsúdɔ·móeʧnaja maʃína]
moedor (m) de carne	**мясорубка** (ж)	[mɪsɔrúpka]
espremedor (m)	**соковыжималка** (ж)	[sɔkɔ·vɨʒɨmálka]
torradeira (f)	**тостер** (м)	[tóstɛr]
batedeira (f)	**миксер** (м)	[míkser]
máquina (f) de café	**кофеварка** (ж)	[kɔfevárka]
cafeteira (f)	**кофейник** (м)	[kɔféjnik]
moedor (m) de café	**кофемолка** (ж)	[kɔfemólka]
chaleira (f)	**чайник** (м)	[ʧájnik]
bule (m)	**чайник** (м)	[ʧájnik]
tampa (f)	**крышка** (ж)	[krɨ̄ʃka]
coador (m) de chá	**ситечко** (с)	[síteʧkɔ]
colher (f)	**ложка** (ж)	[lóʃka]
colher (f) de chá	**чайная ложка** (ж)	[ʧájnaja lóʃka]
colher (f) de sopa	**столовая ложка** (ж)	[stɔlóvaja lóʃka]
garfo (m)	**вилка** (ж)	[vílka]
faca (f)	**нож** (м)	[nóʃ]

louça (f)	**посуда** (ж)	[pɔsúda]
prato (m)	**тарелка** (ж)	[tarélka]
pires (m)	**блюдце** (с)	[blʲútse]
cálice (m)	**рюмка** (ж)	[rʲúmka]
copo (m)	**стакан** (м)	[stakán]
xícara (f)	**чашка** (ж)	[ʧáʃka]
açucareiro (m)	**сахарница** (ж)	[sáharnitsa]
saleiro (m)	**солонка** (ж)	[sɔlónka]
pimenteiro (m)	**перечница** (ж)	[péreʧnitsa]
manteigueira (f)	**маслёнка** (ж)	[maslønka]
panela (f)	**кастрюля** (ж)	[kastrʲúlʲa]
frigideira (f)	**сковородка** (ж)	[skɔvɔrótka]
concha (f)	**половник** (м)	[pɔlóvnik]
coador (m)	**дуршлаг** (м)	[durʃlág]
bandeja (f)	**поднос** (м)	[pɔdnós]
garrafa (f)	**бутылка** (ж)	[butɨ́lka]
pote (m) de vidro	**банка** (ж)	[bánka]
lata (~ de cerveja)	**банка** (ж)	[bánka]
abridor (m) de garrafa	**открывалка** (ж)	[ɔtkrɨválka]
abridor (m) de latas	**открывалка** (ж)	[ɔtkrɨválka]
saca-rolhas (m)	**штопор** (м)	[ʃtópɔr]
filtro (m)	**фильтр** (м)	[fílʲtr]
filtrar (vt)	**фильтровать** (нсв, пх)	[filʲtrɔvátʲ]
lixo (m)	**мусор** (м)	[músɔr]
lixeira (f)	**мусорное ведро** (с)	[músɔrnɔe vedró]

72. Casa de banho

banheiro (m)	**ванная комната** (ж)	[vánnaja kómnata]
água (f)	**вода** (ж)	[vɔdá]
torneira (f)	**кран** (м)	[krán]
água (f) quente	**горячая вода** (ж)	[gɔrʲáʧaja vɔdá]
água (f) fria	**холодная вода** (ж)	[hɔlódnaja vɔdá]
pasta (f) de dente	**зубная паста** (ж)	[zubnája pásta]
escovar os dentes	**чистить зубы**	[ʧístitʲ zúbɨ]
escova (f) de dente	**зубная щётка** (ж)	[zubnája ʃøtka]
barbear-se (vr)	**бриться** (нсв, возв)	[brítsa]
espuma (f) de barbear	**пена** (ж) **для бритья**	[péna dlʲa britjá]
gilete (f)	**бритва** (ж)	[brítva]
lavar (vt)	**мыть** (нсв, пх)	[mɨ́tʲ]
tomar banho	**мыться** (нсв, возв)	[mɨ́tsa]
chuveiro (m), ducha (f)	**душ** (м)	[dúʃ]
tomar uma ducha	**принимать душ**	[prinimátʲ dúʃ]
banheira (f)	**ванна** (ж)	[vánna]
vaso (m) sanitário	**унитаз** (м)	[unitás]

pia (f)	**раковина** (ж)	[rákɔvina]
sabonete (m)	**мыло** (с)	[mīlɔ]
saboneteira (f)	**мыльница** (ж)	[mīlʲnitsa]
esponja (f)	**губка** (ж)	[gúpka]
xampu (m)	**шампунь** (м)	[ʃampúnʲ]
toalha (f)	**полотенце** (с)	[pɔlɔténtse]
roupão (m) de banho	**халат** (м)	[halát]
lavagem (f)	**стирка** (ж)	[stírka]
lavadora (f) de roupas	**стиральная машина** (ж)	[stirálʲnaja maʃīna]
lavar a roupa	**стирать бельё**	[stirátʲ beljø]
detergente (m)	**стиральный порошок** (м)	[stirálʲnɨj pɔrɔʃók]

73. Eletrodomésticos

televisor (m)	**телевизор** (м)	[televízɔr]
gravador (m)	**магнитофон** (м)	[magnitɔfón]
videogravador (m)	**видеомагнитофон** (м)	[vídeɔ·magnitɔfón]
rádio (m)	**приёмник** (м)	[prijómnik]
leitor (m)	**плеер** (м)	[plæjer]
projetor (m)	**видеопроектор** (м)	[vídeɔ·prɔǽktɔr]
cinema (m) em casa	**домашний кинотеатр** (м)	[dɔmáʃnij kinɔteátr]
DVD Player (m)	**DVD проигрыватель** (м)	[di·vi·dí prɔígrɨvatelʲ]
amplificador (m)	**усилитель** (м)	[usilítelʲ]
console (f) de jogos	**игровая приставка** (ж)	[igrɔvája pristáfka]
câmera (f) de vídeo	**видеокамера** (ж)	[vídeɔ·kámera]
máquina (f) fotográfica	**фотоаппарат** (м)	[fɔtɔ·aparát]
câmera (f) digital	**цифровой фотоаппарат** (м)	[tsɨfrɔvój fɔtɔaparát]
aspirador (m)	**пылесос** (м)	[pɨlesós]
ferro (m) de passar	**утюг** (м)	[utʲúg]
tábua (f) de passar	**гладильная доска** (ж)	[gladílʲnaja dɔská]
telefone (m)	**телефон** (м)	[telefón]
celular (m)	**мобильный телефон** (м)	[mɔbílʲnɨj telefón]
máquina (f) de costura	**швейная машинка** (ж)	[ʃvejnaja maʃīnka]
microfone (m)	**микрофон** (м)	[mikrɔfón]
fone (m) de ouvido	**наушники** (м мн)	[naúʃniki]
controle remoto (m)	**пульт** (м)	[púlʲt]
CD (m)	**компакт-диск** (м)	[kɔmpákt-dísk]
fita (f) cassete	**кассета** (ж)	[kaséta]
disco (m) de vinil	**пластинка** (ж)	[plastínka]

A TERRA. TEMPO

74. Espaço sideral

espaço, cosmo (m)	**космос** (м)	[kósmɔs]
espacial, cósmico (adj)	**космический**	[kɔsmítʃeskij]
espaço (m) cósmico	**космическое пространство**	[kɔsmítʃeskɔe prɔstránstvɔ]
mundo (m)	**мир** (м)	[mír]
universo (m)	**вселенная** (ж)	[fselénnaja]
galáxia (f)	**галактика** (ж)	[galáktika]
estrela (f)	**звезда** (ж)	[zvezdá]
constelação (f)	**созвездие** (с)	[sɔzvézdie]
planeta (m)	**планета** (ж)	[planéta]
satélite (m)	**спутник** (м)	[spútnik]
meteorito (m)	**метеорит** (м)	[meteɔrít]
cometa (m)	**комета** (ж)	[kɔméta]
asteroide (m)	**астероид** (м)	[astɛróid]
órbita (f)	**орбита** (ж)	[ɔrbíta]
girar (vi)	**вращаться** (нсв, возв)	[vraʃáʦa]
atmosfera (f)	**атмосфера** (ж)	[atmɔsféra]
Sol (m)	**Солнце** (с)	[sónʦe]
Sistema (m) Solar	**Солнечная система** (ж)	[sólnetʃnaja sistéma]
eclipse (m) solar	**солнечное затмение** (с)	[sólnetʃnɔe zatménie]
Terra (f)	**Земля** (ж)	[zemlʲá]
Lua (f)	**Луна** (ж)	[luná]
Marte (m)	**Марс** (м)	[márs]
Vênus (f)	**Венера** (ж)	[venéra]
Júpiter (m)	**Юпитер** (м)	[jupíter]
Saturno (m)	**Сатурн** (м)	[satúrn]
Mercúrio (m)	**Меркурий** (м)	[merkúrij]
Urano (m)	**Уран** (м)	[urán]
Netuno (m)	**Нептун** (м)	[neptún]
Plutão (m)	**Плутон** (м)	[plutón]
Via Láctea (f)	**Млечный Путь** (м)	[mlétʃnij pútʲ]
Ursa Maior (f)	**Большая Медведица** (ж)	[bɔlʲʃája medvéditsa]
Estrela Polar (f)	**Полярная Звезда** (ж)	[pɔlʲárnaja zvezdá]
marciano (m)	**марсианин** (м)	[marsiánin]
extraterrestre (m)	**инопланетянин** (м)	[inɔplanetʲánin]
alienígena (m)	**пришелец** (м)	[priʃǽlets]

disco (m) voador	**летающая тарелка** (ж)	[letájuʃ'aja tarélka]
espaçonave (f)	**космический корабль** (м)	[kɔsmítʃeskij kɔrábl']
estação (f) orbital	**орбитальная станция** (ж)	[ɔrbitál'naja stántsɨja]
lançamento (m)	**старт** (м)	[stárt]
motor (m)	**двигатель** (м)	[dvígatel']
bocal (m)	**сопло** (с)	[sɔpló]
combustível (m)	**топливо** (с)	[tóplivɔ]
cabine (f)	**кабина** (ж)	[kabína]
antena (f)	**антенна** (ж)	[antǽna]
vigia (f)	**иллюминатор** (м)	[il'uminátɔr]
bateria (f) solar	**солнечная батарея** (ж)	[sólnetʃnaja bataréja]
traje (m) espacial	**скафандр** (м)	[skafándr]
imponderabilidade (f)	**невесомость** (ж)	[nevesómɔst']
oxigênio (m)	**кислород** (м)	[kislɔród]
acoplagem (f)	**стыковка** (ж)	[stɨkófka]
fazer uma acoplagem	**производить стыковку**	[prɔizvɔdít' stɨkófku]
observatório (m)	**обсерватория** (ж)	[ɔpservatórija]
telescópio (m)	**телескоп** (м)	[teleskóp]
observar (vt)	**наблюдать** (нсв, нпх)	[nabl'udát']
explorar (vt)	**исследовать** (н/св, пх)	[islédɔvat']

75. A Terra

Terra (f)	**Земля** (ж)	[zeml'á]
globo terrestre (Terra)	**земной шар** (м)	[zemnój ʃár]
planeta (m)	**планета** (ж)	[planéta]
atmosfera (f)	**атмосфера** (ж)	[atmɔsféra]
geografia (f)	**география** (ж)	[geɔgráfija]
natureza (f)	**природа** (ж)	[priróda]
globo (mapa esférico)	**глобус** (м)	[glóbus]
mapa (m)	**карта** (ж)	[kárta]
atlas (m)	**атлас** (м)	[átlas]
Europa (f)	**Европа** (ж)	[evrópa]
Ásia (f)	**Азия** (ж)	[ázija]
África (f)	**Африка** (ж)	[áfrika]
Austrália (f)	**Австралия** (ж)	[afstrálija]
América (f)	**Америка** (ж)	[amérika]
América (f) do Norte	**Северная Америка** (ж)	[sévernaja amérika]
América (f) do Sul	**Южная Америка** (ж)	[júʒnaja amérika]
Antártida (f)	**Антарктида** (ж)	[antarktída]
Ártico (m)	**Арктика** (ж)	[árktika]

76. Pontos cardeais

norte (m)	**север** (м)	[séver]
para norte	**на север**	[na séver]
no norte	**на севере**	[na sévere]
do norte (adj)	**северный**	[sévernɨj]
sul (m)	**юг** (м)	[júg]
para sul	**на юг**	[na júg]
no sul	**на юге**	[na júge]
do sul (adj)	**южный**	[júʒnɨj]
oeste, ocidente (m)	**запад** (м)	[západ]
para oeste	**на запад**	[na západ]
no oeste	**на западе**	[na západe]
ocidental (adj)	**западный**	[západnɨj]
leste, oriente (m)	**восток** (м)	[vɔstók]
para leste	**на восток**	[na vɔstók]
no leste	**на востоке**	[na vɔstóke]
oriental (adj)	**восточный**	[vɔstóʧnɨj]

77. Mar. Oceano

mar (m)	**море** (с)	[móre]
oceano (m)	**океан** (м)	[ɔkeán]
golfo (m)	**залив** (м)	[zalíf]
estreito (m)	**пролив** (м)	[prɔlíf]
terra (f) firme	**земля** (ж), **суша** (ж)	[zemlʲá], [súʃa]
continente (m)	**материк** (м)	[materík]
ilha (f)	**остров** (м)	[óstrɔf]
península (f)	**полуостров** (м)	[pɔlu·óstrɔf]
arquipélago (m)	**архипелаг** (м)	[arhipelág]
baía (f)	**бухта** (ж)	[búhta]
porto (m)	**гавань** (ж)	[gávanʲ]
lagoa (f)	**лагуна** (ж)	[lagúna]
cabo (m)	**мыс** (м)	[mɨ̄s]
atol (m)	**атолл** (м)	[atól]
recife (m)	**риф** (м)	[ríf]
coral (m)	**коралл** (м)	[kɔrál]
recife (m) de coral	**коралловый риф** (м)	[kɔrálɔvɨj ríf]
profundo (adj)	**глубокий**	[glubókij]
profundidade (f)	**глубина** (ж)	[glubiná]
abismo (m)	**бездна** (ж)	[bézdna]
fossa (f) oceânica	**впадина** (ж)	[fpádina]
corrente (f)	**течение** (с)	[teʧénie]
banhar (vt)	**омывать** (нсв, пх)	[ɔmɨvátʲ]
litoral (m)	**побережье** (с)	[pɔberéʒje]

costa (f)	**берег** (м)	[béreg]
maré (f) alta	**прилив** (м)	[prilíf]
refluxo (m)	**отлив** (м)	[ɔtlíf]
restinga (f)	**отмель** (ж)	[ótmelʲ]
fundo (m)	**дно** (с)	[dnó]
onda (f)	**волна** (ж)	[vɔlná]
crista (f) da onda	**гребень** (м) **волны**	[grébenʲ vɔlnī]
espuma (f)	**пена** (ж)	[péna]
tempestade (f)	**буря** (ж)	[búrʲa]
furacão (m)	**ураган** (м)	[uragán]
tsunami (m)	**цунами** (с)	[ʦunámi]
calmaria (f)	**штиль** (м)	[ʃtílʲ]
calmo (adj)	**спокойный**	[spɔkójnɨj]
polo (m)	**полюс** (м)	[pólʲus]
polar (adj)	**полярный**	[pɔlʲárnɨj]
latitude (f)	**широта** (ж)	[ʃɨrɔtá]
longitude (f)	**долгота** (ж)	[dɔlgɔtá]
paralela (f)	**параллель** (ж)	[paralélʲ]
equador (m)	**экватор** (м)	[ɛkvátɔr]
céu (m)	**небо** (с)	[nébɔ]
horizonte (m)	**горизонт** (м)	[gɔrizónt]
ar (m)	**воздух** (м)	[vózduh]
farol (m)	**маяк** (м)	[maják]
mergulhar (vi)	**нырять** (нсв, нпх)	[nɨrʲátʲ]
afundar-se (vr)	**затонуть** (св, нпх)	[zatɔnútʲ]
tesouros (m pl)	**сокровища** (мн)	[sɔkróviʃʲa]

78. Nomes de Mares e Oceanos

Oceano (m) Atlântico	**Атлантический океан** (м)	[atlantíʧeskij ɔkeán]
Oceano (m) Índico	**Индийский океан** (м)	[indíjskij ɔkeán]
Oceano (m) Pacífico	**Тихий океан** (м)	[tíhij ɔkeán]
Oceano (m) Ártico	**Северный Ледовитый океан** (м)	[sévernɨj ledɔvítɨj ɔkeán]
Mar (m) Negro	**Чёрное море** (с)	[ʧórnɔe móre]
Mar (m) Vermelho	**Красное море** (с)	[krásnɔe móre]
Mar (m) Amarelo	**Жёлтое море** (с)	[ʒóltɔe móre]
Mar (m) Branco	**Белое море** (с)	[bélɔe móre]
Mar (m) Cáspio	**Каспийское море** (с)	[kaspíjskɔe móre]
Mar (m) Morto	**Мёртвое море** (с)	[mørtvɔe móre]
Mar (m) Mediterrâneo	**Средиземное море** (с)	[sredizémnɔe móre]
Mar (m) Egeu	**Эгейское море** (с)	[ɛgéjskɔe móre]
Mar (m) Adriático	**Адриатическое море** (с)	[adriatíʧeskɔe móre]
Mar (m) Arábico	**Аравийское море** (с)	[aravíjskɔe móre]
Mar (m) do Japão	**японское море** (с)	[jɪpónskɔe móre]

Mar (m) de Bering	**Берингово море** (с)	[béringɔvɔ móre]
Mar (m) da China Meridional	**Южно-Китайское море** (с)	[júʒnɔ-kitájskɔe móre]
Mar (m) de Coral	**Коралловое море** (с)	[kɔrálɔvɔe móre]
Mar (m) de Tasman	**Тасманово море** (с)	[tasmánɔvɔ móre]
Mar (m) do Caribe	**Карибское море** (с)	[karíbskɔe móre]
Mar (m) de Barents	**Баренцево море** (с)	[bárenʦɛvɔ móre]
Mar (m) de Kara	**Карское море** (с)	[kárskɔe móre]
Mar (m) do Norte	**Северное море** (с)	[sévernɔe móre]
Mar (m) Báltico	**Балтийское море** (с)	[baltíjskɔe móre]
Mar (m) da Noruega	**Норвежское море** (с)	[nɔrvéʒskɔe móre]

79. Montanhas

montanha (f)	**гора** (ж)	[gɔrá]
cordilheira (f)	**горная цепь** (ж)	[górnaja ʦǽpʲ]
serra (f)	**горный хребет** (м)	[górnɨj hrebét]
cume (m)	**вершина** (ж)	[verʃína]
pico (m)	**пик** (м)	[pík]
pé (m)	**подножие** (с)	[pɔdnóʒɨe]
declive (m)	**склон** (м)	[sklón]
vulcão (m)	**вулкан** (м)	[vulkán]
vulcão (m) ativo	**действующий вулкан** (м)	[déjstvujuʃʲij vulkán]
vulcão (m) extinto	**потухший вулкан** (м)	[pɔtúhʃɨj vulkán]
erupção (f)	**извержение** (с)	[izverʒǽnie]
cratera (f)	**кратер** (м)	[krátɛr]
magma (m)	**магма** (ж)	[mágma]
lava (f)	**лава** (ж)	[láva]
fundido (lava ~a)	**раскалённый**	[raskalønnɨj]
cânion, desfiladeiro (m)	**каньон** (м)	[kanjón]
garganta (f)	**ущелье** (с)	[uʃʲélje]
fenda (f)	**расщелина** (ж)	[raʃʲélina]
passo, colo (m)	**перевал** (м)	[pereváll]
planalto (m)	**плато** (с)	[plató]
falésia (f)	**скала** (ж)	[skalá]
colina (f)	**холм** (м)	[hólm]
geleira (f)	**ледник** (м)	[ledník]
cachoeira (f)	**водопад** (м)	[vɔdɔpád]
gêiser (m)	**гейзер** (м)	[géjzer]
lago (m)	**озеро** (с)	[ózerɔ]
planície (f)	**равнина** (ж)	[ravnína]
paisagem (f)	**пейзаж** (м)	[pejzáʃ]
eco (m)	**эхо** (с)	[ǽhɔ]
alpinista (m)	**альпинист** (м)	[alʲpiníst]
escalador (m)	**скалолаз** (м)	[skalɔlás]

conquistar (vt)	**покорять** (нсв, пх)	[pɔkɔrʲátʲ]
subida, escalada (f)	**восхождение** (с)	[vɔsxɔʒdénie]

80. Nomes de montanhas

Alpes (m pl)	**Альпы** (мн)	[álʲpɨ]
Monte Branco (m)	**Монблан** (м)	[mɔnblán]
Pirineus (m pl)	**Пиренеи** (мн)	[pirenéi]
Cárpatos (m pl)	**Карпаты** (мн)	[karpátɨ]
Urais (m pl)	**Уральские горы** (мн)	[urálʲskie górɨ]
Cáucaso (m)	**Кавказ** (м)	[kafkás]
Elbrus (m)	**Эльбрус** (м)	[ɛlʲbrús]
Altai (m)	**Алтай** (м)	[altáj]
Tian Shan (m)	**Тянь-Шань** (ж)	[tʲánʲ-ʃánʲ]
Pamir (m)	**Памир** (м)	[pamír]
Himalaia (m)	**Гималаи** (мн)	[gimalái]
monte Everest (m)	**Эверест** (м)	[ɛverést]
Cordilheira (f) dos Andes	**Анды** (мн)	[ándɨ]
Kilimanjaro (m)	**Килиманджаро** (ж)	[kilimandʒárɔ]

81. Rios

rio (m)	**река** (ж)	[reká]
fonte, nascente (f)	**источник** (м)	[istótʃnik]
leito (m) de rio	**русло** (с)	[rúslɔ]
bacia (f)	**бассейн** (м)	[basæjn]
desaguar no ...	**впадать в ...** (нсв)	[fpadátʲ f ...]
afluente (m)	**приток** (м)	[pritók]
margem (do rio)	**берег** (м)	[béreg]
corrente (f)	**течение** (с)	[tetʃénie]
rio abaixo	**вниз по течению**	[vnís pɔ tetʃéniju]
rio acima	**вверх по течению**	[vvérh pɔ tetʃéniju]
inundação (f)	**наводнение** (с)	[navɔdnénie]
cheia (f)	**половодье** (с)	[pɔlɔvódje]
transbordar (vi)	**разливаться** (нсв, возв)	[razlivátsa]
inundar (vt)	**затоплять** (нсв, пх)	[zatɔplʲátʲ]
banco (m) de areia	**мель** (ж)	[mélʲ]
corredeira (f)	**порог** (м)	[pɔróg]
barragem (f)	**плотина** (ж)	[plɔtína]
canal (m)	**канал** (м)	[kanál]
reservatório (m) de água	**водохранилище** (с)	[vódɔ·hraníliʃʲe]
eclusa (f)	**шлюз** (м)	[ʃlʲús]
corpo (m) de água	**водоём** (м)	[vɔdɔjóm]
pântano (m)	**болото** (с)	[bɔlótɔ]

lamaçal (m)	**трясина** (ж)	[trısína]
redemoinho (m)	**водоворот** (м)	[vɔdɔvɔrót]
riacho (m)	**ручей** (м)	[rutʃéj]
potável (adj)	**питьевой**	[pitjevój]
doce (água)	**пресный**	[présnɨj]
gelo (m)	**лёд** (м)	[lød]
congelar-se (vr)	**замёрзнуть** (св, нпх)	[zamørznutʲ]

82. Nomes de rios

rio Sena (m)	**Сена** (ж)	[séna]
rio Loire (m)	**Луара** (ж)	[luára]
rio Tâmisa (m)	**Темза** (ж)	[tǽmza]
rio Reno (m)	**Рейн** (м)	[rǽjn]
rio Danúbio (m)	**Дунай** (м)	[dunáj]
rio Volga (m)	**Волга** (ж)	[vólga]
rio Don (m)	**Дон** (м)	[dón]
rio Lena (m)	**Лена** (ж)	[léna]
rio Amarelo (m)	**Хуанхэ** (ж)	[huanhǽ]
rio Yangtzé (m)	**янцзы** (ж)	[jıntszī]
rio Mekong (m)	**Меконг** (м)	[mekóng]
rio Ganges (m)	**Ганг** (м)	[gáng]
rio Nilo (m)	**Нил** (м)	[níl]
rio Congo (m)	**Конго** (ж)	[kóngɔ]
rio Cubango (m)	**Окаванго** (ж)	[ɔkavángɔ]
rio Zambeze (m)	**Замбези** (ж)	[zambézi]
rio Limpopo (m)	**Лимпопо** (ж)	[limpɔpó]
rio Mississippi (m)	**Миссисипи** (ж)	[misisípi]

83. Floresta

floresta (f), bosque (m)	**лес** (м)	[lés]
florestal (adj)	**лесной**	[lesnój]
mata (f) fechada	**чаща** (ж)	[tʃáʃa]
arvoredo (m)	**роща** (ж)	[róʃa]
clareira (f)	**поляна** (ж)	[pɔlʲána]
matagal (m)	**заросли** (мн)	[zárɔsli]
mato (m), caatinga (f)	**кустарник** (м)	[kustárnik]
pequena trilha (f)	**тропинка** (ж)	[trɔpínka]
ravina (f)	**овраг** (м)	[ɔvrág]
árvore (f)	**дерево** (с)	[dérevɔ]
folha (f)	**лист** (м)	[líst]

folhagem (f)	**листва** (ж)	[listvá]
queda (f) das folhas	**листопад** (м)	[listɔpád]
cair (vi)	**опадать** (нсв, нпх)	[ɔpadátʲ]
topo (m)	**верхушка** (ж)	[verhúʃka]
ramo (m)	**ветка** (ж)	[vétka]
galho (m)	**сук** (м)	[súk]
botão (m)	**почка** (ж)	[pótʃka]
agulha (f)	**игла** (ж)	[iglá]
pinha (f)	**шишка** (ж)	[ʃíʃka]
buraco (m) de árvore	**дупло** (с)	[dupló]
ninho (m)	**гнездо** (с)	[gnezdó]
toca (f)	**нора** (ж)	[nɔrá]
tronco (m)	**ствол** (м)	[stvól]
raiz (f)	**корень** (м)	[kórenʲ]
casca (f) de árvore	**кора** (ж)	[kɔrá]
musgo (m)	**мох** (м)	[móh]
arrancar pela raiz	**корчевать** (нсв, пх)	[kɔrtʃevátʲ]
cortar (vt)	**рубить** (нсв, пх)	[rubítʲ]
desflorestar (vt)	**вырубать лес**	[vɨrubátʲ lʲés]
toco, cepo (m)	**пень** (м)	[pénʲ]
fogueira (f)	**костёр** (м)	[kɔstør]
incêndio (m) florestal	**пожар** (м)	[pɔʒár]
apagar (vt)	**тушить** (нсв, пх)	[tuʃítʲ]
guarda-parque (m)	**лесник** (м)	[lesník]
proteção (f)	**охрана** (ж)	[ɔhrána]
proteger (a natureza)	**охранять** (нсв, пх)	[ɔhranʲátʲ]
caçador (m) furtivo	**браконьер** (м)	[brakɔnjér]
armadilha (f)	**капкан** (м)	[kapkán]
colher (cogumelos, bagas)	**собирать** (нсв, пх)	[sɔbirátʲ]
perder-se (vr)	**заблудиться** (св, возв)	[zabludítsa]

84. Recursos naturais

recursos (m pl) naturais	**природные ресурсы** (м мн)	[priródnɨe resúrsɨ]
minerais (m pl)	**полезные ископаемые** (с мн)	[pɔléznɨe iskɔpáemɨe]
depósitos (m pl)	**залежи** (мн)	[záleʒɨ]
jazida (f)	**месторождение** (с)	[mestɔrɔʒdénie]
extrair (vt)	**добывать** (нсв, пх)	[dɔbɨvátʲ]
extração (f)	**добыча** (ж)	[dɔbɨ́tʃa]
minério (m)	**руда** (ж)	[rudá]
mina (f)	**рудник** (м)	[rudník]
poço (m) de mina	**шахта** (ж)	[ʃáhta]
mineiro (m)	**шахтёр** (м)	[ʃahtør]
gás (m)	**газ** (м)	[gás]
gasoduto (m)	**газопровод** (м)	[gazɔ·prɔvód]

petróleo (m)	**нефть** (ж)	[néft^j]
oleoduto (m)	**нефтепровод** (м)	[nefte·prɔvód]
poço (m) de petróleo	**нефтяная вышка** (ж)	[neftɪnája vīʃka]
torre (f) petrolífera	**буровая вышка** (ж)	[burɔvája vīʃka]
petroleiro (m)	**танкер** (м)	[tánker]
areia (f)	**песок** (м)	[pesók]
calcário (m)	**известняк** (м)	[izvesn^ják]
cascalho (m)	**гравий** (м)	[grávij]
turfa (f)	**торф** (м)	[tórf]
argila (f)	**глина** (ж)	[glína]
carvão (m)	**уголь** (м)	[úgɔl^j]
ferro (m)	**железо** (с)	[ʒelézɔ]
ouro (m)	**золото** (с)	[zólɔtɔ]
prata (f)	**серебро** (с)	[serebró]
níquel (m)	**никель** (м)	[níkel^j]
cobre (m)	**медь** (ж)	[mét^j]
zinco (m)	**цинк** (м)	[ʦīnk]
manganês (m)	**марганец** (м)	[márganeʦ]
mercúrio (m)	**ртуть** (ж)	[rtút^j]
chumbo (m)	**свинец** (м)	[svinéʦ]
mineral (m)	**минерал** (м)	[minerál]
cristal (m)	**кристалл** (м)	[kristál]
mármore (m)	**мрамор** (м)	[mrámɔr]
urânio (m)	**уран** (м)	[urán]

85. Tempo

tempo (m)	**погода** (ж)	[pɔgóda]
previsão (f) do tempo	**прогноз** (м) **погоды**	[prɔgnós pɔgódɨ]
temperatura (f)	**температура** (ж)	[temperatúra]
termômetro (m)	**термометр** (м)	[termómetr]
barômetro (m)	**барометр** (м)	[barómetr]
úmido (adj)	**влажный**	[vláʒnɨj]
umidade (f)	**влажность** (ж)	[vláʒnɔst^j]
calor (m)	**жара** (ж)	[ʒará]
tórrido (adj)	**жаркий**	[ʒárkij]
está muito calor	**жарко**	[ʒárkɔ]
está calor	**тепло**	[tepló]
quente (morno)	**тёплый**	[tøplɨj]
está frio	**холодно**	[hólɔdnɔ]
frio (adj)	**холодный**	[hɔlódnɨj]
sol (m)	**солнце** (с)	[sónʦe]
brilhar (vi)	**светить** (нсв, нпх)	[svetít^j]
de sol, ensolarado	**солнечный**	[sólneʧnɨj]
nascer (vi)	**взойти** (св, нпх)	[vzɔjtí]
pôr-se (vr)	**сесть** (св, нпх)	[sést^j]

nuvem (f)	**облако** (с)	[óblakɔ]
nublado (adj)	**облачный**	[óblaʧnɨj]
nuvem (f) preta	**туча** (ж)	[túʧa]
escuro, cinzento (adj)	**пасмурный**	[pásmurnɨj]
chuva (f)	**дождь** (м)	[dóʃtʲ], [dóʃʲ]
está a chover	**идёт дождь**	[idøt dóʃtʲ]
chuvoso (adj)	**дождливый**	[dɔʒdlívɨj]
chuviscar (vi)	**моросить** (нсв, нпх)	[mɔrɔsítʲ]
chuva (f) torrencial	**проливной дождь** (м)	[prɔlivnój dóʃtʲ]
aguaceiro (m)	**ливень** (м)	[lívenʲ]
forte (chuva, etc.)	**сильный**	[sílʲnɨj]
poça (f)	**лужа** (ж)	[lúʒa]
molhar-se (vr)	**промокнуть** (св, нпх)	[prɔmóknutʲ]
nevoeiro (m)	**туман** (м)	[tumán]
de nevoeiro	**туманный**	[tumánnɨj]
neve (f)	**снег** (м)	[snég]
está nevando	**идёт снег**	[idøt snég]

86. Tempo extremo. Catástrofes naturais

trovoada (f)	**гроза** (ж)	[grɔzá]
relâmpago (m)	**молния** (ж)	[mólnija]
relampejar (vi)	**сверкать** (нсв, нпх)	[sverkátʲ]
trovão (m)	**гром** (м)	[gróm]
trovejar (vi)	**греметь** (нсв, нпх)	[gremétʲ]
está trovejando	**гремит гром**	[gremít gróm]
granizo (m)	**град** (м)	[grád]
está caindo granizo	**идёт град**	[idøt grád]
inundar (vt)	**затопить** (св, пх)	[zatɔpítʲ]
inundação (f)	**наводнение** (с)	[navɔdnénie]
terremoto (m)	**землетрясение** (с)	[zemletrɪsénie]
abalo, tremor (m)	**толчок** (м)	[tɔlʧók]
epicentro (m)	**эпицентр** (м)	[ɛpiʦǽntr]
erupção (f)	**извержение** (с)	[izverʒǽnie]
lava (f)	**лава** (ж)	[láva]
tornado (m)	**смерч** (м)	[smérʧ]
tornado (m)	**торнадо** (м)	[tɔrnádɔ]
tufão (m)	**тайфун** (м)	[tajfún]
furacão (m)	**ураган** (м)	[uragán]
tempestade (f)	**буря** (ж)	[búrʲa]
tsunami (m)	**цунами** (с)	[ʦunámi]
ciclone (m)	**циклон** (м)	[ʦɨklón]
mau tempo (m)	**непогода** (ж)	[nepɔgóda]

incêndio (m)	**пожар** (м)	[pɔʒár]
catástrofe (f)	**катастрофа** (ж)	[katastrófa]
meteorito (m)	**метеорит** (м)	[meteɔrít]
avalanche (f)	**лавина** (ж)	[lavína]
deslizamento (m) de neve	**обвал** (м)	[ɔbvál]
nevasca (f)	**метель** (ж)	[metél^j]
tempestade (f) de neve	**вьюга** (ж)	[vjúga]

FAUNA

87. Mamíferos. Predadores

predador (m)	**хищник** (м)	[híʃnik]
tigre (m)	**тигр** (м)	[tígr]
leão (m)	**лев** (м)	[léf]
lobo (m)	**волк** (м)	[vólk]
raposa (f)	**лиса** (ж)	[lisá]
jaguar (m)	**ягуар** (м)	[jɪguár]
leopardo (m)	**леопард** (м)	[leɔpárd]
chita (f)	**гепард** (м)	[gepárd]
pantera (f)	**пантера** (ж)	[pantǽra]
puma (m)	**пума** (ж)	[púma]
leopardo-das-neves (m)	**снежный барс** (м)	[snéʒnɨj bárs]
lince (m)	**рысь** (ж)	[rīsʲ]
coiote (m)	**койот** (м)	[kɔjót]
chacal (m)	**шакал** (м)	[ʃakál]
hiena (f)	**гиена** (ж)	[giéna]

88. Animais selvagens

animal (m)	**животное** (с)	[ʒɨvótnɔe]
besta (f)	**зверь** (м)	[zvérʲ]
esquilo (m)	**белка** (ж)	[bélka]
ouriço (m)	**ёж** (м)	[jóʃ]
lebre (f)	**заяц** (м)	[záɪʦ]
coelho (m)	**кролик** (м)	[królik]
texugo (m)	**барсук** (м)	[barsúk]
guaxinim (m)	**енот** (м)	[enót]
hamster (m)	**хомяк** (м)	[hɔmʲák]
marmota (f)	**сурок** (м)	[surók]
toupeira (f)	**крот** (м)	[krót]
rato (m)	**мышь** (ж)	[mīʃ]
ratazana (f)	**крыса** (ж)	[krīsa]
morcego (m)	**летучая мышь** (ж)	[letúʧaja mīʃ]
arminho (m)	**горностай** (м)	[gɔrnɔstáj]
zibelina (f)	**соболь** (м)	[sóbɔlʲ]
marta (f)	**куница** (ж)	[kuníʦa]
doninha (f)	**ласка** (ж)	[láska]
visom (m)	**норка** (ж)	[nórka]

castor (m)	**бобр** (м)	[bóbr]
lontra (f)	**выдра** (ж)	[vīdra]
cavalo (m)	**лошадь** (ж)	[lóʃatʲ]
alce (m)	**лось** (м)	[lósʲ]
veado (m)	**олень** (м)	[ɔlénʲ]
camelo (m)	**верблюд** (м)	[verblʲúd]
bisão (m)	**бизон** (м)	[bizón]
auroque (m)	**зубр** (м)	[zúbr]
búfalo (m)	**буйвол** (м)	[bújvɔl]
zebra (f)	**зебра** (ж)	[zébra]
antílope (m)	**антилопа** (ж)	[antilópa]
corça (f)	**косуля** (ж)	[kɔsúlʲa]
gamo (m)	**лань** (ж)	[lánʲ]
camurça (f)	**серна** (ж)	[sérna]
javali (m)	**кабан** (м)	[kabán]
baleia (f)	**кит** (м)	[kít]
foca (f)	**тюлень** (м)	[tʲulénʲ]
morsa (f)	**морж** (м)	[mórʃ]
urso-marinho (m)	**котик** (м)	[kótik]
golfinho (m)	**дельфин** (м)	[delʲfín]
urso (m)	**медведь** (м)	[medvétʲ]
urso (m) polar	**белый медведь** (м)	[bélɨj medvétʲ]
panda (m)	**панда** (ж)	[pánda]
macaco (m)	**обезьяна** (ж)	[ɔbezjána]
chimpanzé (m)	**шимпанзе** (с)	[ʃɨmpanzǽ]
orangotango (m)	**орангутанг** (м)	[ɔrangutáng]
gorila (m)	**горилла** (ж)	[gɔríla]
macaco (m)	**макака** (ж)	[makáka]
gibão (m)	**гиббон** (м)	[gibón]
elefante (m)	**слон** (м)	[slón]
rinoceronte (m)	**носорог** (м)	[nɔsɔróg]
girafa (f)	**жираф** (м)	[ʒɨráf]
hipopótamo (m)	**бегемот** (м)	[begemót]
canguru (m)	**кенгуру** (м)	[kengurú]
coala (m)	**коала** (ж)	[kɔála]
mangusto (m)	**мангуст** (м)	[mangúst]
chinchila (f)	**шиншилла** (ж)	[ʃɨnʃɨla]
cangambá (f)	**скунс** (м)	[skúns]
porco-espinho (m)	**дикобраз** (м)	[dikɔbrás]

89. Animais domésticos

gata (f)	**кошка** (ж)	[kóʃka]
gato (m) macho	**кот** (м)	[kót]
cavalo (m)	**лошадь** (ж)	[lóʃatʲ]

garanhão (m)	**жеребец** (м)	[ʒerebéʦ]
égua (f)	**кобыла** (ж)	[kɔbīla]
vaca (f)	**корова** (ж)	[kɔróva]
touro (m)	**бык** (м)	[bīk]
boi (m)	**вол** (м)	[vól]
ovelha (f)	**овца** (ж)	[ɔfʦá]
carneiro (m)	**баран** (м)	[barán]
cabra (f)	**коза** (ж)	[kɔzá]
bode (m)	**козёл** (м)	[kɔzøl]
burro (m)	**осёл** (м)	[ɔsøl]
mula (f)	**мул** (м)	[múl]
porco (m)	**свинья** (ж)	[svinjá]
leitão (m)	**поросёнок** (м)	[pɔrɔsønɔk]
coelho (m)	**кролик** (м)	[królik]
galinha (f)	**курица** (ж)	[kúriʦa]
galo (m)	**петух** (м)	[petúh]
pata (f), pato (m)	**утка** (ж)	[útka]
pato (m)	**селезень** (м)	[sélezenʲ]
ganso (m)	**гусь** (м)	[gúsʲ]
peru (m)	**индюк** (м)	[indʲúk]
perua (f)	**индюшка** (ж)	[indʲúʃka]
animais (m pl) domésticos	**домашние животные** (с мн)	[dɔmáʃnie ʒɨvótnɨe]
domesticado (adj)	**ручной**	[ruʧnój]
domesticar (vt)	**приручать** (нсв, пх)	[priruʧátʲ]
criar (vt)	**выращивать** (нсв, пх)	[vɨráʃʲivatʲ]
fazenda (f)	**ферма** (ж)	[férma]
aves (f pl) domésticas	**домашняя птица** (ж)	[dɔmáʃnʲaja ptíʦa]
gado (m)	**скот** (м)	[skót]
rebanho (m), manada (f)	**стадо** (с)	[stádɔ]
estábulo (m)	**конюшня** (ж)	[kɔnʲúʃnʲa]
chiqueiro (m)	**свинарник** (м)	[svinárnik]
estábulo (m)	**коровник** (м)	[kɔróvnik]
coelheira (f)	**крольчатник** (м)	[krɔlʲʧátnik]
galinheiro (m)	**курятник** (м)	[kurʲátnik]

90. Pássaros

pássaro (m), ave (f)	**птица** (ж)	[ptíʦa]
pombo (m)	**голубь** (м)	[gólupʲ]
pardal (m)	**воробей** (м)	[vɔrɔbéj]
chapim-real (m)	**синица** (ж)	[siníʦa]
pega-rabuda (f)	**сорока** (ж)	[sɔróka]
corvo (m)	**ворон** (м)	[vórɔn]
gralha-cinzenta (f)	**ворона** (ж)	[vɔróna]

gralha-de-nuca-cinzenta (f)	**галка** (ж)	[gálka]
gralha-calva (f)	**грач** (м)	[grátʃ]
pato (m)	**утка** (ж)	[útka]
ganso (m)	**гусь** (м)	[gúsʲ]
faisão (m)	**фазан** (м)	[fazán]
águia (f)	**орёл** (м)	[ɔrøl]
açor (m)	**ястреб** (м)	[jástreb]
falcão (m)	**сокол** (м)	[sókɔl]
abutre (m)	**гриф** (м)	[gríf]
condor (m)	**кондор** (м)	[kóndɔr]
cisne (m)	**лебедь** (м)	[lébetʲ]
grou (m)	**журавль** (м)	[ʒurávlʲ]
cegonha (f)	**аист** (м)	[áist]
papagaio (m)	**попугай** (м)	[pɔpugáj]
beija-flor (m)	**колибри** (ж)	[kɔlíbri]
pavão (m)	**павлин** (м)	[pavlín]
avestruz (m)	**страус** (м)	[stráus]
garça (f)	**цапля** (ж)	[ʦáplʲa]
flamingo (m)	**фламинго** (с)	[flamíngɔ]
pelicano (m)	**пеликан** (м)	[pelikán]
rouxinol (m)	**соловей** (м)	[sɔlɔvéj]
andorinha (f)	**ласточка** (ж)	[lástɔtʃka]
tordo-zornal (m)	**дрозд** (м)	[drózd]
tordo-músico (m)	**певчий дрозд** (м)	[péftʃij drózd]
melro-preto (m)	**чёрный дрозд** (м)	[tʃórnɨj drózd]
andorinhão (m)	**стриж** (м)	[stríʃ]
cotovia (f)	**жаворонок** (м)	[ʒávɔrɔnɔk]
codorna (f)	**перепел** (м)	[pérepel]
pica-pau (m)	**дятел** (м)	[dʲátel]
cuco (m)	**кукушка** (ж)	[kukúʃka]
coruja (f)	**сова** (ж)	[sɔvá]
bufo-real (m)	**филин** (м)	[fílin]
tetraz-grande (m)	**глухарь** (м)	[gluhárʲ]
tetraz-lira (m)	**тетерев** (м)	[téteref]
perdiz-cinzenta (f)	**куропатка** (ж)	[kurɔpátka]
estorninho (m)	**скворец** (м)	[skvɔréʦ]
canário (m)	**канарейка** (ж)	[kanaréjka]
galinha-do-mato (f)	**рябчик** (м)	[rʲáptʃik]
tentilhão (m)	**зяблик** (м)	[zʲáblik]
dom-fafe (m)	**снегирь** (м)	[snegírʲ]
gaivota (f)	**чайка** (ж)	[tʃájka]
albatroz (m)	**альбатрос** (м)	[alʲbatrós]
pinguim (m)	**пингвин** (м)	[pingvín]

91. Peixes. Animais marinhos

brema (f)	**лещ** (м)	[léʃʲ]
carpa (f)	**карп** (м)	[kárp]
perca (f)	**окунь** (м)	[ókunʲ]
siluro (m)	**сом** (м)	[sóm]
lúcio (m)	**щука** (ж)	[ʃʲúka]
salmão (m)	**лосось** (м)	[lɔsósʲ]
esturjão (m)	**осётр** (м)	[ɔsøtr]
arenque (m)	**сельдь** (ж)	[sélʲtʲ]
salmão (m) do Atlântico	**сёмга** (ж)	[sømga]
cavala, sarda (f)	**скумбрия** (ж)	[skúmbrija]
solha (f), linguado (m)	**камбала** (ж)	[kámbala]
lúcio perca (m)	**судак** (м)	[sudák]
bacalhau (m)	**треска** (ж)	[treská]
atum (m)	**тунец** (м)	[tunéʦ]
truta (f)	**форель** (ж)	[fɔrǽlʲ]
enguia (f)	**угорь** (м)	[úgɔrʲ]
raia (f) elétrica	**электрический скат** (м)	[ɛlektríʧeskij skát]
moreia (f)	**мурена** (ж)	[muréna]
piranha (f)	**пиранья** (ж)	[piránja]
tubarão (m)	**акула** (ж)	[akúla]
golfinho (m)	**дельфин** (м)	[delʲfín]
baleia (f)	**кит** (м)	[kít]
caranguejo (m)	**краб** (м)	[kráb]
água-viva (f)	**медуза** (ж)	[medúza]
polvo (m)	**осьминог** (м)	[ɔsʲminóg]
estrela-do-mar (f)	**морская звезда** (ж)	[mɔrskája zvezdá]
ouriço-do-mar (m)	**морской ёж** (м)	[mɔrskój jóʃ]
cavalo-marinho (m)	**морской конёк** (м)	[mɔrskój kɔnøk]
ostra (f)	**устрица** (ж)	[ústriʦa]
camarão (m)	**креветка** (ж)	[krevétka]
lagosta (f)	**омар** (м)	[ɔmár]
lagosta (f)	**лангуст** (м)	[langúst]

92. Anfíbios. Répteis

cobra (f)	**змея** (ж)	[zmejá]
venenoso (adj)	**ядовитый**	[jɪdɔvítɨj]
víbora (f)	**гадюка** (ж)	[gadʲúka]
naja (f)	**кобра** (ж)	[kóbra]
píton (m)	**питон** (м)	[pitón]
jiboia (f)	**удав** (м)	[udáf]
cobra-de-água (f)	**уж** (м)	[úʃ]

cascavel (f)	**гремучая змея** (ж)	[gremútʃaja zmejá]
anaconda (f)	**анаконда** (ж)	[anakónda]
lagarto (m)	**ящерица** (ж)	[jáʃʲeritsa]
iguana (f)	**игуана** (ж)	[iguána]
varano (m)	**варан** (м)	[varán]
salamandra (f)	**саламандра** (ж)	[salamándra]
camaleão (m)	**хамелеон** (м)	[hameleón]
escorpião (m)	**скорпион** (м)	[skɔrpión]
tartaruga (f)	**черепаха** (ж)	[tʃerepáha]
rã (f)	**лягушка** (ж)	[lɪgúʃka]
sapo (m)	**жаба** (ж)	[ʒába]
crocodilo (m)	**крокодил** (м)	[krɔkɔdíl]

93. Insetos

inseto (m)	**насекомое** (с)	[nasekómɔe]
borboleta (f)	**бабочка** (ж)	[bábɔtʃka]
formiga (f)	**муравей** (м)	[muravéj]
mosca (f)	**муха** (ж)	[múha]
mosquito (m)	**комар** (м)	[kɔmár]
escaravelho (m)	**жук** (м)	[ʒúk]
vespa (f)	**оса** (ж)	[ɔsá]
abelha (f)	**пчела** (ж)	[ptʃelá]
mamangaba (f)	**шмель** (м)	[ʃmélʲ]
moscardo (m)	**овод** (м)	[óvɔd]
aranha (f)	**паук** (м)	[paúk]
teia (f) de aranha	**паутина** (ж)	[pautína]
libélula (f)	**стрекоза** (ж)	[strekɔzá]
gafanhoto (m)	**кузнечик** (м)	[kuznétʃik]
traça (f)	**мотылёк** (м)	[mɔtɨløk]
barata (f)	**таракан** (м)	[tarakán]
carrapato (m)	**клещ** (м)	[kléʃʲ]
pulga (f)	**блоха** (ж)	[blɔhá]
borrachudo (m)	**мошка** (ж)	[móʃka]
gafanhoto (m)	**саранча** (ж)	[sarantʃá]
caracol (m)	**улитка** (ж)	[ulítka]
grilo (m)	**сверчок** (м)	[svertʃók]
pirilampo, vaga-lume (m)	**светлячок** (м)	[svetlɪtʃók]
joaninha (f)	**божья коровка** (ж)	[bóʒja kɔrófka]
besouro (m)	**майский жук** (м)	[májskij ʒúk]
sanguessuga (f)	**пиявка** (ж)	[pijáfka]
lagarta (f)	**гусеница** (ж)	[gúsenitsa]
minhoca (f)	**червь** (м)	[tʃérfʲ]
larva (f)	**личинка** (ж)	[litʃínka]

FLORA

94. Árvores

árvore (f)	**дерево** (с)	[dérevɔ]
decídua (adj)	**лиственное**	[lístvenɔe]
conífera (adj)	**хвойное**	[hvójnɔe]
perene (adj)	**вечнозелёное**	[vetʃnɔ·zelønɔe]
macieira (f)	**яблоня** (ж)	[jáblɔnʲa]
pereira (f)	**груша** (ж)	[grúʃa]
cerejeira (f)	**черешня** (ж)	[ʧeréʃnʲa]
ginjeira (f)	**вишня** (ж)	[víʃnʲa]
ameixeira (f)	**слива** (ж)	[slíva]
bétula (f)	**берёза** (ж)	[beróza]
carvalho (m)	**дуб** (м)	[dúb]
tília (f)	**липа** (ж)	[lípa]
choupo-tremedor (m)	**осина** (ж)	[ɔsína]
bordo (m)	**клён** (м)	[klǿn]
espruce (m)	**ель** (ж)	[élʲ]
pinheiro (m)	**сосна** (ж)	[sɔsná]
alerce, lariço (m)	**лиственница** (ж)	[lístveniʦa]
abeto (m)	**пихта** (ж)	[píhta]
cedro (m)	**кедр** (м)	[kédr]
choupo, álamo (m)	**тополь** (м)	[tópɔlʲ]
tramazeira (f)	**рябина** (ж)	[rıbína]
salgueiro (m)	**ива** (ж)	[íva]
amieiro (m)	**ольха** (ж)	[ɔlʲhá]
faia (f)	**бук** (м)	[búk]
ulmeiro, olmo (m)	**вяз** (м)	[vʲás]
freixo (m)	**ясень** (м)	[jásenʲ]
castanheiro (m)	**каштан** (м)	[kaʃtán]
magnólia (f)	**магнолия** (ж)	[magnólija]
palmeira (f)	**пальма** (ж)	[pálʲma]
cipreste (m)	**кипарис** (м)	[kiparís]
mangue (m)	**мангровое дерево** (с)	[mángrɔvɔe dérevɔ]
embondeiro, baobá (m)	**баобаб** (м)	[baɔbáb]
eucalipto (m)	**эвкалипт** (м)	[ɛfkalípt]
sequoia (f)	**секвойя** (ж)	[sekvója]

95. Arbustos

arbusto (m)	**куст** (м)	[kúst]
arbusto (m), moita (f)	**кустарник** (м)	[kustárnik]

videira (f)	**виноград** (м)	[vinɔgrád]
vinhedo (m)	**виноградник** (м)	[vinɔgrádnik]
framboeseira (f)	**малина** (ж)	[malína]
groselheira-negra (f)	**чёрная смородина** (ж)	[ʧórnaja smɔródina]
groselheira-vermelha (f)	**красная смородина** (ж)	[krásnaja smɔródina]
groselheira (f) espinhosa	**крыжовник** (м)	[kriʒóvnik]
acácia (f)	**акация** (ж)	[akáʦija]
bérberis (f)	**барбарис** (м)	[barbarís]
jasmim (m)	**жасмин** (м)	[ʒasmín]
junípero (m)	**можжевельник** (м)	[mɔʒevélʲnik]
roseira (f)	**розовый куст** (м)	[rózɔvij kúst]
roseira (f) brava	**шиповник** (м)	[ʃipóvnik]

96. Frutos. Bagas

maçã (f)	**яблоко** (с)	[jáblɔkɔ]
pera (f)	**груша** (ж)	[grúʃa]
ameixa (f)	**слива** (ж)	[slíva]
morango (m)	**клубника** (ж)	[klubníka]
ginja (f)	**вишня** (ж)	[víʃnʲa]
cereja (f)	**черешня** (ж)	[ʧeréʃnʲa]
uva (f)	**виноград** (м)	[vinɔgrád]
framboesa (f)	**малина** (ж)	[malína]
groselha (f) negra	**чёрная смородина** (ж)	[ʧórnaja smɔródina]
groselha (f) vermelha	**красная смородина** (ж)	[krásnaja smɔródina]
groselha (f) espinhosa	**крыжовник** (м)	[kriʒóvnik]
oxicoco (m)	**клюква** (ж)	[klʲúkva]
laranja (f)	**апельсин** (м)	[apelʲsín]
tangerina (f)	**мандарин** (м)	[mandarín]
abacaxi (m)	**ананас** (м)	[ananás]
banana (f)	**банан** (м)	[banán]
tâmara (f)	**финик** (м)	[fínik]
limão (m)	**лимон** (м)	[limón]
damasco (m)	**абрикос** (м)	[abrikós]
pêssego (m)	**персик** (м)	[pérsik]
quiuí (m)	**киви** (м)	[kívi]
toranja (f)	**грейпфрут** (м)	[gréjpfrut]
baga (f)	**ягода** (ж)	[jágɔda]
bagas (f pl)	**ягоды** (ж мн)	[jágɔdi]
arando (m) vermelho	**брусника** (ж)	[brusníka]
morango-silvestre (m)	**земляника** (ж)	[zemlɪníka]
mirtilo (m)	**черника** (ж)	[ʧerníka]

97. Flores. Plantas

flor (f)	**цветок** (м)	[ʦvetók]
buquê (m) de flores	**букет** (м)	[bukét]
rosa (f)	**роза** (ж)	[róza]
tulipa (f)	**тюльпан** (м)	[tʲulʲpán]
cravo (m)	**гвоздика** (ж)	[gvɔzdíka]
gladíolo (m)	**гладиолус** (м)	[gladiólus]
centáurea (f)	**василёк** (м)	[vasiløk]
campainha (f)	**колокольчик** (м)	[kɔlɔkólʲʧik]
dente-de-leão (m)	**одуванчик** (м)	[ɔduvánʧik]
camomila (f)	**ромашка** (ж)	[rɔmáʃka]
aloé (m)	**алоэ** (с)	[alóɛ]
cacto (m)	**кактус** (м)	[káktus]
fícus (m)	**фикус** (м)	[fíkus]
lírio (m)	**лилия** (ж)	[lílija]
gerânio (m)	**герань** (ж)	[geránʲ]
jacinto (m)	**гиацинт** (м)	[giaʦɨ́nt]
mimosa (f)	**мимоза** (ж)	[mimóza]
narciso (m)	**нарцисс** (м)	[narʦɨ́s]
capuchinha (f)	**настурция** (ж)	[nastúrʦɨja]
orquídea (f)	**орхидея** (ж)	[ɔrhidéja]
peônia (f)	**пион** (м)	[pión]
violeta (f)	**фиалка** (ж)	[fiálka]
amor-perfeito (m)	**анютины глазки** (мн)	[anʲútinɨ gláski]
não-me-esqueças (m)	**незабудка** (ж)	[nezabútka]
margarida (f)	**маргаритка** (ж)	[margarítka]
papoula (f)	**мак** (м)	[mák]
cânhamo (m)	**конопля** (ж)	[kɔnɔplʲá]
hortelã, menta (f)	**мята** (ж)	[mʲáta]
lírio-do-vale (m)	**ландыш** (м)	[lándɨʃ]
campânula-branca (f)	**подснежник** (м)	[pɔtsnéʒnik]
urtiga (f)	**крапива** (ж)	[krapíva]
azedinha (f)	**щавель** (м)	[ʃʲavélʲ]
nenúfar (m)	**кувшинка** (ж)	[kufʃɨ́nka]
samambaia (f)	**папоротник** (м)	[pápɔrtnik]
líquen (m)	**лишайник** (м)	[liʃájnik]
estufa (f)	**оранжерея** (ж)	[ɔranʒeréja]
gramado (m)	**газон** (м)	[gazón]
canteiro (m) de flores	**клумба** (ж)	[klúmba]
planta (f)	**растение** (с)	[rasténie]
grama (f)	**трава** (ж)	[travá]
folha (f) de grama	**травинка** (ж)	[travínka]

folha (f)	**лист** (м)	[líst]
pétala (f)	**лепесток** (м)	[lepestók]
talo (m)	**стебель** (м)	[stébelʲ]
tubérculo (m)	**клубень** (м)	[klúbenʲ]
broto, rebento (m)	**росток** (м)	[rɔstók]
espinho (m)	**шип** (м)	[ʃíp]
florescer (vi)	**цвести** (нсв, нпх)	[t͡svestí]
murchar (vi)	**вянуть** (нсв, нпх)	[vʲánutʲ]
cheiro (m)	**запах** (м)	[zápah]
cortar (flores)	**срезать** (св, пх)	[srézatʲ]
colher (uma flor)	**сорвать** (св, пх)	[sɔrvátʲ]

98. Cereais, grãos

grão (m)	**зерно** (с)	[zernó]
cereais (plantas)	**зерновые растения** (с мн)	[zernɔvı̄e rasténija]
espiga (f)	**колос** (м)	[kólɔs]
trigo (m)	**пшеница** (ж)	[pʃɛnít͡sa]
centeio (m)	**рожь** (ж)	[róʃ]
aveia (f)	**овёс** (м)	[ɔvǿs]
painço (m)	**просо** (с)	[prósɔ]
cevada (f)	**ячмень** (м)	[jıt͡ʃménʲ]
milho (m)	**кукуруза** (ж)	[kukurúza]
arroz (m)	**рис** (м)	[rís]
trigo-sarraceno (m)	**гречиха** (ж)	[gret͡ʃíha]
ervilha (f)	**горох** (м)	[gɔróh]
feijão (m) roxo	**фасоль** (ж)	[fasólʲ]
soja (f)	**соя** (ж)	[sója]
lentilha (f)	**чечевица** (ж)	[t͡ʃet͡ʃevít͡sa]
feijão (m)	**бобы** (мн)	[bɔbı̄]

PAÍSES DO MUNDO

99. Países. Parte 1

Afeganistão (m)	**Афганистан** (м)	[afganistán]
África (f) do Sul	**ЮАР** (ж)	[juár]
Albânia (f)	**Албания** (ж)	[albánija]
Alemanha (f)	**Германия** (ж)	[germánija]
Arábia (f) Saudita	**Саудовская Аравия** (ж)	[saúdɔfskaja arávija]
Argentina (f)	**Аргентина** (ж)	[argentína]
Armênia (f)	**Армения** (ж)	[arménija]
Austrália (f)	**Австралия** (ж)	[afstrálija]
Áustria (f)	**Австрия** (ж)	[áfstrija]
Azerbaijão (m)	**Азербайджан** (м)	[azerbajdʒán]
Bahamas (f pl)	**Багамские острова** (ж)	[bagámskie ɔstrɔvá]
Bangladesh (m)	**Бангладеш** (м)	[bangladéʃ]
Bélgica (f)	**Бельгия** (ж)	[bélʲgija]
Belarus	**Беларусь** (ж)	[belarúsʲ]
Bolívia (f)	**Боливия** (ж)	[bɔlívija]
Bósnia e Herzegovina (f)	**Босния и Герцеговина** (ж)	[bósnija i gerʦɛgɔvína]
Brasil (m)	**Бразилия** (ж)	[brazílija]
Bulgária (f)	**Болгария** (ж)	[bɔlgárija]
Camboja (f)	**Камбоджа** (ж)	[kambódʒa]
Canadá (m)	**Канада** (ж)	[kanáda]
Cazaquistão (m)	**Казахстан** (м)	[kazahstán]
Chile (m)	**Чили** (ж)	[ʧíli]
China (f)	**Китай** (м)	[kitáj]
Chipre (m)	**Кипр** (м)	[kípr]
Colômbia (f)	**Колумбия** (ж)	[kɔlúmbija]
Coreia (f) do Norte	**Северная Корея** (ж)	[sévernaja kɔréja]
Coreia (f) do Sul	**Южная Корея** (ж)	[júʒnaja kɔréja]
Croácia (f)	**Хорватия** (ж)	[hɔrvátija]
Cuba (f)	**Куба** (ж)	[kúba]
Dinamarca (f)	**Дания** (ж)	[dánija]
Egito (m)	**Египет** (м)	[egípet]
Emirados Árabes Unidos	**Объединённые Арабские Эмираты** (мн)	[ɔbjedinønnɨe arápskie ɛmirátɨ]
Equador (m)	**Эквадор** (м)	[ɛkvadór]
Escócia (f)	**Шотландия** (ж)	[ʃɔtlándija]
Eslováquia (f)	**Словакия** (ж)	[slɔvákija]
Eslovênia (f)	**Словения** (ж)	[slɔvénija]
Espanha (f)	**Испания** (ж)	[ispánija]
Estados Unidos da América	**Соединённые Штаты Америки** (мн)	[sɔedinønnɨe ʃtátɨ amériki]
Estônia (f)	**Эстония** (ж)	[ɛstónija]

Finlândia (f)	**Финляндия** (ж)	[finʲándija]
França (f)	**Франция** (ж)	[frántsɨja]

100. Países. Parte 2

Gana (f)	**Гана** (ж)	[gána]
Geórgia (f)	**Грузия** (ж)	[grúzija]
Grã-Bretanha (f)	**Великобритания** (ж)	[velikɔbritánija]
Grécia (f)	**Греция** (ж)	[grétsɨja]
Haiti (m)	**Гаити** (м)	[gaíti]
Hungria (f)	**Венгрия** (ж)	[véngrija]
Índia (f)	**Индия** (ж)	[índija]

Indonésia (f)	**Индонезия** (ж)	[indɔnézija]
Inglaterra (f)	**Англия** (ж)	[ánglija]
Irã (m)	**Иран** (м)	[irán]
Iraque (m)	**Ирак** (м)	[irák]
Irlanda (f)	**Ирландия** (ж)	[irlándija]
Islândia (f)	**Исландия** (ж)	[islándija]
Israel (m)	**Израиль** (м)	[izráilʲ]

Itália (f)	**Италия** (ж)	[itálija]
Jamaica (f)	**ямайка** (ж)	[jɪmájka]
Japão (m)	**япония** (ж)	[jɪpónija]
Jordânia (f)	**Иордания** (ж)	[iɔrdánija]
Kuwait (m)	**Кувейт** (м)	[kuvéjt]

Laos (m)	**Лаос** (м)	[laós]
Letônia (f)	**Латвия** (ж)	[látvija]

Líbano (m)	**Ливан** (м)	[liván]
Líbia (f)	**Ливия** (ж)	[lívija]
Liechtenstein (m)	**Лихтенштейн** (м)	[lihtɛnʃtæjn]
Lituânia (f)	**Литва** (ж)	[litvá]
Luxemburgo (m)	**Люксембург** (м)	[lʲuksembúrg]

Macedônia (f)	**Македония** (ж)	[makedónija]
Madagascar (m)	**Мадагаскар** (м)	[madagaskár]

Malásia (f)	**Малайзия** (ж)	[malájzija]
Malta (f)	**Мальта** (ж)	[málʲta]
Marrocos	**Марокко** (с)	[marókɔ]
México (m)	**Мексика** (ж)	[méksika]
Birmânia (f)	**Мьянма** (ж)	[mjánma]

Moldávia (f)	**Молдова** (ж)	[mɔldóva]
Mônaco (m)	**Монако** (с)	[mɔnákɔ]

Mongólia (f)	**Монголия** (ж)	[mɔngólija]
Montenegro (m)	**Черногория** (ж)	[ʧernɔgórija]
Namíbia (f)	**Намибия** (ж)	[namíbija]
Nepal (m)	**Непал** (м)	[nepál]
Noruega (f)	**Норвегия** (ж)	[nɔrvégija]
Nova Zelândia (f)	**Новая Зеландия** (ж)	[nóvaja zelándija]

101. Países. Parte 3

Países Baixos (m pl)	**Нидерланды** (мн)	[niderlándɨ]
Palestina (f)	**Палестина** (ж)	[palestína]
Panamá (m)	**Панама** (ж)	[panáma]
Paquistão (m)	**Пакистан** (м)	[pakistán]
Paraguai (m)	**Парагвай** (м)	[paragváj]
Peru (m)	**Перу** (с)	[perú]
Polinésia (f) Francesa	**Французская Полинезия** (ж)	[frantsúskaja polinǽzija]
Polônia (f)	**Польша** (ж)	[pólʲʃa]
Portugal (m)	**Португалия** (ж)	[portugálija]
Quênia (f)	**Кения** (ж)	[kénija]
Quirguistão (m)	**Кыргызстан** (м)	[kɨrgɨzstán]
República (f) Checa	**Чехия** (ж)	[tʃéhija]
República Dominicana	**Доминиканская республика** (ж)	[dominikánskaja respúblika]
Romênia (f)	**Румыния** (ж)	[rumɨ́nija]
Rússia (f)	**Россия** (ж)	[rosíja]
Senegal (m)	**Сенегал** (м)	[senegál]
Sérvia (f)	**Сербия** (ж)	[sérbija]
Síria (f)	**Сирия** (ж)	[sírija]
Suécia (f)	**Швеция** (ж)	[ʃvétsɨja]
Suíça (f)	**Швейцария** (ж)	[ʃvejtsárija]
Suriname (m)	**Суринам** (м)	[surinám]
Tailândia (f)	**Таиланд** (м)	[tailánd]
Taiwan (m)	**Тайвань** (м)	[tajvánʲ]
Tajiquistão (m)	**Таджикистан** (м)	[tadʒɨkistán]
Tanzânia (f)	**Танзания** (ж)	[tanzánija]
Tasmânia (f)	**Тасмания** (ж)	[tasmánija]
Tunísia (f)	**Тунис** (м)	[tunís]
Turquemenistão (m)	**Туркмения** (ж)	[turkménija]
Turquia (f)	**Турция** (ж)	[túrtsɨja]
Ucrânia (f)	**Украина** (ж)	[ukraína]
Uruguai (m)	**Уругвай** (м)	[urugváj]
Uzbequistão (f)	**Узбекистан** (м)	[uzbekistán]
Vaticano (m)	**Ватикан** (м)	[vatikán]
Venezuela (f)	**Венесуэла** (ж)	[venesuǽla]
Vietnã (m)	**Вьетнам** (м)	[vjetnám]
Zanzibar (m)	**Занзибар** (м)	[zanzibár]

www.ingramcontent.com/pod-product-compliance
Lightning Source LLC
Chambersburg PA
CBHW070116070426
42448CB00040B/2982
* 9 7 8 1 7 8 7 6 7 4 3 2 5 *